Mujer, cambia tu mundo

Jill Briscoe

Traducido por

Sandra Zorzoli Adkison

EDITORIAL MUNDO HISPANO

EDITORIAL MUNDO HISPANO
Apartado Postal 4256, El Paso, TX 79914 EE. UU. de A.
www.casabautista.org

Agencias de Distribución

CBP ARGENTINA: Rivadavia 3474, 1203 Buenos Aires. **BOLIVIA:** Casilla 2516, Santa Cruz. **COLOMBIA:** Apartado Aéreo 55294, Bogotá 2, D.C. **COSTA RICA:** Apartado 285, San Pedro Montes de Oca, San José. **CHILE:** Casilla 1253, Santiago. **ECUADOR:** Casilla 3236, Guayaquil. **EL SALVADOR:** Av. Los Andes No. J-14, Col. Miramonte, San Salvador. ESPAÑA: Padre Méndez #142-B, 46900 Torrente, Valencia. **ESTADOS UNIDOS: CBP USA:** 7000 Alabama, El Paso, TX 79904, Tel.: (915)566-9656, Fax: (915)565-9008, 1-800-755-5958; 960 Chelsea Street, El Paso TX 79903, Tel.: (915)778-9191; 4300 Montana, El Paso, TX 79903, Tel.: (915)565-6215, Fax: (915)565-1722, (915)751-4228, 1-800-726-8432; 312 N. Azusa Ave., Azusa, CA 91702, Tel.: 1-800-321-6633, Fax: (818)334-5842; 1360 N.W. 88th Ave., Miami, FL 33172, Tel.: (305)592-6136, Fax: (305)592-0087; 647 4th. Ave., Brooklyn, N.Y. Tel. (718)788-2484; **CBP MIAMI** 12020 N.W. 40th Street, Suite 103 B, Coral Springs, FL, 33065, Fax: (954)754-9944, Tel.1-800-985-9971. **GUATEMALA:** Apartado 1135, Guatemala 01901. **HONDURAS:** Apartado 279, Tegucigalpa. **MEXICO: CBP MEXICO:** Vizcaínas Ote. 16, Col. Centro, 06080 México, D.F.; Madero 62, Col. Centro, 06000 México, D.F.; Independencia 36-B, Col. Centro, 06050 México, D.F.; F. U. Gómez 302 Nte. Monterrey, N. L. 64000. **NICARAGUA:** Reparto San Juan del Gimnasio Hércules, media cuadra al Lago, una cuadra abajo, 75 varas al Sur, casa #320. **PANAMA:** Apartado E Balboa, Ancon. **PARAGUAY:** Casilla 1415. **PERU:** Pizarro 388, Trujillo. **PUERTO RICO:** Calle San Alejandro 1825, Urb. San Ignacio, Río Piedras. **REPUBLICA DOMINICANA:** Apartado 880, Santo Domingo. **URUGUAY:** Casilla 14052, Montevideo 11700. **VENEZUELA:** Apartado 3653, El Trigal 2002 A, Valencia, Edo. Carabobo.

Primera edición: 2000
Clasificación Decimal Dewey: 220.920.82
Tema: Mujeres de la Biblia
ISBN: 0-311-04660-6
EMH: 04660
3 M 1 00

Impreso en Canadá

.CONTENIDO.

• INTRODUCCION •

Las necesidades de las mujeres han sido las mismas a través de las edades. Necesitan sentir que pertenecen; necesitan amar y ser amadas, encontrar su identidad, desarrollar sus dones, mantener una actitud correcta, equilibrar sus responsabilidades, y aprender a perdonar y a aceptar el perdón.

Las mujeres de este estudio hacen un poquito de todas estas cosas. Nosotras podemos aprender de sus triunfos y fracasos. Las mujeres podemos cambiar nuestro mundo para mejorarlo o para empeorarlo. Con Cristo podemos hacer la diferencia.

• ANTES DE COMENZAR •

Es probable que las personas que se reunirán para el estudio bíblico estén en diferentes etapas en su vida espiritual, por lo que los materiales de estudio deben ser lo suficientemente flexibles como para satisfacer sus diferentes necesidades. Este libro ha sido diseñado para ser usado como guía de estudio bíblico para grupos en hogares o en iglesias. También puede ser usado en estudio individual. Las lecciones están escritas en cinco secciones diferentes, para poder ser usadas en una variedad de situaciones. Tanto los grupos como los individuos pueden elegir usar los elementos que consideren más útiles, y en el orden más beneficioso.

Estos estudios les ayudarán a aprender algunas verdades nuevas de la Biblia, y también cómo extraer esas verdades. Aprenderán no sólo *qué* dice la Biblia, sino, además, cómo usarla para profundizar su relación con Cristo Jesús obedeciendo sus enseñanzas y aplicándolas a la vida diaria. Estos estudios también proveerán una oportunidad para que futuros líderes aprendan a dirigir una discusión en un marco no amenazante.

Qué necesitarás

Para cada estudio vas a necesitar una Biblia y esta guía de estudio bíblico. También querrás tener un cuaderno en el que puedas anotar tus pensamientos y descubrimientos tanto en tu estudio personal como en las reuniones de grupo. Un cuaderno también te servirá para anotar los motivos de oración del grupo.

Las secciones

Para pensar. Esta es una narrativa devocional que introduce el tema, persona, o pasaje destacado en la lección. Puede ser usado de varias maneras. Cada persona puede leerlo antes de venir a la reunión del grupo, y alguien puede resumirlo brevemente al principio. Puede ser leído silenciosamente por cada persona al principio de la sesión, o puede ser leído en voz alta por una o varias de las asistentes. (Tiempo sugerido: 10 minutos).

Para conversar. Esta sección contiene preguntas de discusión para ayudarles a repasar lo que aprendieron en *Para pensar*. También hay preguntas para ayudarles a aplicar las verdades del relato a la vida diaria. La persona que dirige la discusión de estas preguntas no necesita ser una maestra con educación o experiencia. Todo lo que se necesita es alguien que mantenga la fluidez en la comunicación del grupo. (Tiempo sugerido: 30 minutos).

Para orar. Esta es una lista de sugerencias de oración basadas en la lección. Quizá tú quieras usar todas las sugerencias o eliminar algunas para poder dejar más tiempo para compartir asuntos más personales o motivos de oración. (Tiempo Sugerido: 20 minutos).

Para profundizar. Las preguntas en esta sección también están relacionadas con el pasaje, tema, o personaje de la lección. Pero no siempre estarán limitadas al pasaje exacto o personaje de *Para pensar*. Pasajes y personajes tanto del Antiguo y Nuevo Testamentos aparecerán en esta sección, para poder demostrar cómo Dios ha trabajado a través de *toda* la historia en la vida de las personas. Estas preguntas obligan a una reflexión y un estudio más profundos de las Escrituras, así como al uso de las herramientas propias del estudio bíblico. Una vez que los participantes aprendan el manejo de los "cómo" del estudio bíblico, es probable que profundicen sus reflexiones. (Tiempo sugerido: 45 minutos).

Caja de herramientas. Esta sección contiene una descripción de un tipo de ayuda de estudio bíblico, e incluye una explicación de cómo se usa. Se da un ejemplo de esta herramienta, y generalmente se incluye un extracto de ésta en el estudio de *Para profundizar*.

Las ayudas para el estudio bíblico sugeridas en "caja de herramientas" pueden ser adquiridas por cualquiera que desee formar una biblioteca básica de libros de referencia de estudio bíblico y otras herramientas. También podrían ser buenas adiciones para la biblioteca de la iglesia. Algunas son relativamente baratas, pero otras son bastante caras. Algunas pocas pueden ser conseguidas en la biblioteca local o en un seminario o biblioteca universitaria. Un grupo puede decidir comprar uno de estos libros durante cada una de las series y acumular una caja de herramientas para el uso de todos los miembros del grupo. Nunca un cristiano será demasiado nuevo como para no comenzar a utilizar las ayudas para su estudio bíblico, ni demasiado viejo para aprender nuevos métodos para "trazar bien la palabra de verdad".

Opciones para usar en grupos

Grupos diferentes, compuestos por personas en diversas etapas de su crecimiento espiritual, querrán usar los elementos de este libro de distintas maneras. Aquí hay algunas sugerencias para ayudarle a comenzar, pero sea creativa y sensible a las necesidades de su grupo.

❑ Dediquen 5-15 minutos para presentarse, y para que las miembros del grupo respondan una pregunta para romper el hielo. (Ejemplos de este tipo de preguntas están incluidos bajo *Consejos para líderes*.)
❑ Alarguen el tiempo de oración para que todas compartan motivos de oración, motivos de alabanza, o cosas que las miembros del grupo han aprendido recientemente en sus momentos de estudio bíblico personal.
❑ La persona que está dirigiendo puede elegir preguntas para discusión de la sección *Para profundizar,* sobre la base de si las participantes se han preparado con tiempo o no.
❑ El grupo entero se puede dividir en grupos más pequeños para permitir que diferentes grupos usen secciones diferentes. (Los grupos pequeños pueden irse a otras salas en la casa o templo donde se reúnen.)

Consejos para líderes

Preparación

1. Ora para que el Espíritu Santo te guíe al estudiar, a fin de que puedas estar equipada para enseñar esta lección y que puedas hacerlo de una manera atractiva y práctica.

2. Lee la lección entera y cualquier pasaje bíblico o versículos que se mencionen. Responde todas las preguntas.

3. Familiarízate con la lección de tal manera que, si el tiempo del grupo se está acabando, sepas qué preguntas pueden ser omitidas más fácilmente.

4. Junta todas las cosas que necesitarás para el estudio: etiquetas para nombres, bolígrafos, Biblias, etc.

La reunión

1. Comiencen y terminen a tiempo.

2. Procura que todas usen etiquetas con su nombre hasta que las miembros del grupo sepan los nombres de todas.

3. Procura que cada persona se presente, o pide que las miembros regulares presenten a sus visitas.

4. Para cada reunión, elige una pregunta para romper el hielo u otra actividad para ayudar a las miembros del grupo a conocerse mejor.

5. Usa cualquier buena idea para permitir que todas se sientan cómodas.

La discusión

1. Haz las preguntas, pero deja que el grupo las responda. No le tengas miedo al silencio. Expresa la pregunta en otras palabras si no está bien clara para el grupo, o respóndela tú para clarificarla.

2. Anima a todas a participar. Si alguna es tímida, pídele que responda una pregunta fácil o que dé su opinión. Si alguien tiende a monopolizar la conversación, agradece a esa persona por su contribución y pregunta si alguien más tiene algo que quiera agregar (¡o pide a esa persona que prepare el café!).

3. Si alguien da una respuesta incorrecta, no se lo digas de forma abrupta o sin tacto. Si la respuesta es parcialmente correcta, refuerza esto. Pregunta si alguien más tiene otra idea sobre el tema. (¡Estén en desacuerdo en armonía!)

4. Evita tangentes. Si alguien se está saliendo del tema, pregúntale cómo se relaciona su opinión con la lección.

5. No te sientas amenazada si alguien te hace una pregunta que no puedes responder. Dile a esa persona que no sabes la respuesta, pero que la averiguarás para la próxima reunión, ¡y asegúrate de hacerlo! O pregunta si alguien quisiera hacer la investigación y presentar la respuesta durante la próxima reunión del grupo.

Preguntas para romper el hielo

El propósito de las preguntas para romper el hielo es ayudar a las personas en el grupo a conocerse durante el curso de este estudio. Las preguntas que uses cuando los miembros de tu grupo no se conocen deben ser muy generales y no amenazadoras. Al pasar el tiempo, las preguntas pueden ser más específicas. Siempre da a las miembros de tu grupo la opción de abstenerse de contestar si les parece que la pregunta es demasiado personal.

Preguntas:

¿Qué te gusta hacer para divertirte?

¿Cuál es tu estación del año favorita? ¿Postre? ¿Libro?

¿Cuál sería tu vacación ideal?

¿Qué cosa emocionante te pasó esta semana?

¿Qué es lo más memorable que hiciste con tu familia cuando eras niña?

¿Qué palabra describe mejor cómo te sientes hoy?

Menciona tres cosas por las que estás agradecida hoy.

Imagínate que tu casa se está incendiando, ¿qué tres cosas escogerías para llevar contigo al tratar de escapar?

Si se te concediera el cumplimiento de un deseo, ¿qué pedirías?

¿Qué experiencia de tu pasado te gustaría más revivir?

¿Qué cualidad aprecias más en una amiga?

¿Qué cosa te da rabia?

¿Qué es algo que estás tratando de aprender o estás tratando de mejorar?

¿Cuál es tu mayor esperanza?

¿Cuál es tu mayor temor?

¿Qué cosa te gustaría cambiar de ti misma?

¿Cuál ha sido el mayor logro de tu vida?

¿Cuál ha sido la mayor desilusión de tu vida?

¿Necesitas ayuda adicional?

Los siguientes libros contienen información en cuanto a la manera de dirigir discusiones y trabajar en grupos:

Actividades Dinámicas para el Aprendizaje, Le Roy Ford (CBP)

Dinámicas, Gilberto Quiñones y Sonia Rodríguez (CBP)

Un pensamiento final

Este libro es un recurso que puedes usar, ya sea que tengas una o cien personas que quieren estudiar la Biblia, y una o ninguna maestra. No esperes hasta que aparezca una líder brillante para el estudio bíblico; casi todos esas maestras adquirieron sus talentos comenzando con un libro como éste y aprendiendo al seguir el estudio. Torrey dijo: "La mejor manera de empezar, es empezar." ¡Feliz comienzo!

1

Cambiaron su mundo por medio de su pecado (Eva y Jezabel)

• PARA PENSAR •

La Biblia es la historia de la identidad del hombre (varón y mujer). Esa identidad es revelada en la creación, oscurecida en la caída del hombre, y renovada a través de la redención. Si estamos buscando el motivo para nuestra existencia, encontraremos nuestras respuestas en la Palabra de Dios.

Eva estaba sufriendo una crisis de identidad. "¿Qué tiene eso de raro?", puedes preguntar. "Mi hija adolescente sufre una de esas cada mañana antes del desayuno." Bueno, la razón por la que su hija adolescente está preocupada por su identidad es simple. ¡Todas nosotras somos hijas de Eva!

En todo caso, ¿qué es identidad? El diccionario la define como "la condición de ser igual a algo o a alguien". Las mujeres del presente miran hacia los medios de comunicación, el matrimonio, o las filosofías modernas para esa identificación.

Están fascinadas con las personas ricas y famosas y con su estilo de vida. Buscan modelos que coincidan con sus sueños y fantasías en el mundo de las telenovelas. La idea de dos que llegan a ser "una sola carne" apela a muchas debido a la idea de identificarse totalmente con otra persona. Pero cuando el matrimonio se marchita y nuestra identidad se ha encontrado sólo en ese matrimonio, tenemos un gran problema. De la misma manera, si nuestra identidad se ha basado en nuestros hijos, nos sentimos perdidas cuando se van del hogar.

En los años 50 Betty Friedman escribió: "El problema de las mujeres de hoy no es sexual, sino de identidad." Aconsejó que las mujeres encontraran la respuesta en ellas mismas. Las mujeres trataron —y fallaron— porque nunca fue la intención de Dios que eso fuera posible. Shirley McLaine y la plétora de gurúes de la Nueva Era nos dicen que debemos identificarnos con el "cosmos", con la Madre Tierra, o buscar una unidad mística con espíritus. Sin embargo, la Madre Tierra no es la respuesta a nuestra búsqueda de Alguien "más grande" que nosotros, porque somos, sin duda, "más grandes" que la Madre Tierra. El creyente en Cristo dice en voz alta y clara a la mujer de hoy: "¡Sólo puedes encontrar tu identidad verdadera cuando tienes una relación con el Dios que te dio una identidad como la suya!" Eva sabía que su razón de ser era identificarse fielmente con el Dios que la había diseñado para ese propósito, y en Génesis 1 la vemos disfrutando alegremente de esa relación (Génesis 1:26, 27).

Eva fue creada como una mujer perfecta. Tenía una comprensión perfecta de quién era y por qué era lo que era. En Génesis 2 se le encomendó una tarea, y ella nunca sintió que tenía que encontrar otra tarea mejor; creyó que un Dios inteligente la había creado con una razón inteligente en mente. Se sentía significante e importante, y amaba su trabajo. La adoración era su trabajo y su trabajo era la adoración. ¡Era un paraíso despertarse los lunes por la mañana!

Muchas mujeres del presente están insatisfechas con sus trabajos. Si la identidad de una mujer se encuentra sólo en su trabajo, ¡qué problema cuando la despidan! Sin embargo, cuando su identidad se encuentra en Dios, ella descansará en el hecho de que él la diseñó para una tarea específica, y el encontrar esa tarea, y someterse a ella, la liberará para ser todo lo que fue destinada a ser, ya sea en la casa, en su trabajo, o en ambos.

El trabajo de Eva era recibir las bendiciones de Dios a través de un compañerismo continuo con él, llenar el mundo procreando hijos, y dominar la creación de Dios junto a Adán en armonía, compañerismo e igualdad.

Ella sería su "ayudanta" (el término Hebreo *ecer* se usa en Deuteronomio 33:7, 26, y 29 y en muchos otros lugares al referirse a Dios, la "ayuda" de Israel). Era una compañera idónea, un complemento perfecto. Algunos creen ver una jerarquía en Génesis 1:2 y dan como razón el hecho de que Adán nombró a la mujer y que ella fue creada después que él. Pero *nombramiento* no supone autoridad necesariamente, en este caso, porque la palabra *mujer* es un término descriptivo que precisamente describe sus orígenes.

¡Adán mismo fue creado después de los animales, pero eso no quiere decir que era inferior a ellos! Alguien ha dicho que Eva no fue creada de la cabeza de Adán para dominarlo, ni de sus pies para ser pisoteada, sino de su costado para ser una compañera en igualdad. Génesis 1 nos provee una declaración poderosa de la igualdad de los sexos como fuera la intención de Dios, y Génesis 2 nos provee una descripción de esa igualdad funcionando de acuerdo con la intención de Dios. Si hay autoridad antes de la caída del hombre, creo que está allí para asegurar que se practiquen la igualdad y el compañerismo.

Entonces Dios hizo al hombre y a la mujer para complementarse mutuamente como compañeros, y no como competidores. En Génesis 2, Adán y Eva están haciendo todo bien en un "mundo donde todo está bien"; pero después llega Génesis 3 y aparece la crisis de identidad de Eva. La identidad de Eva, revelada en la creación, ahora se oscurece en la caída. La imagen se rompe.

¿Qué es una imagen? Una imagen se parece a un arquetipo. Es algo que se refleja como una sombra, o como cuando se estampa el retrato del arquetipo en una moneda. Cristo, nos dice la Biblia en Colosenses 1:15 y en 2 Corintios 4:4, es la "imagen del Dios invisible" a los seres creados.

No somos como Dios de la misma manera que Cristo es como Dios, pero tenemos su imagen en el sentido de que somos seres personales, racionales y morales como él. Somos como la Trinidad en su pluralidad en cuanto a que el hombre que Dios creó viene como varón y mujer (pluralidad). En este sentido ambos reflejamos su imagen. Por otra parte, esta imagen no se encuentra en los animales; ellos reflejan su ingenio, pero no su imagen. Nuestra personalidad es lo que nos hace únicos, nos separa una racionalidad y responsabilidad a la ley moral. Eva sabía que Dios era el Creador de la imagen. ¡Ella también sabía que ella era la destructora de la imagen!

Eva, la primer iconoclasta del mundo, o destructora de identidad, fue engañada por la serpiente, que la hizo creer que ella podría llegar a tener una imagen independiente. ¡La serpiente le aseguró que la sombra no necesitaba la sustancia. Su error fue creer que ella podía ser buena, disfrutar del placer, y ser sabia; todo independientemente de Dios quien es la suma total de todas estas cosas. No sabemos si Eva había recibido toda la información que se le había dado a Adán sobre el árbol del conocimiento de lo bueno y lo malo, pero la serpiente obviamente determinó que ella era su mejor carta. ¡La engañó y le hizo creer que podía ser como Dios, de modo que podía ser totalmente independiente, como era él! ¿Por qué fue engañada ella? ¿Porque era menos inteligente que Adán? ¿Inferior a Adán? ¿Menos espiritual que su equivalente? Más bien, creo yo, porque estaba "fuera de su liga". Gil Bilezikian, en su libro *Beyond Sexual Roles* [Mas allá de las funciones sexuales], dice: "Eva no pecó deliberadamente, pero fue engatusada a cometer un fatal error de juicio. Dios juzgó responsable a Adán; él no fue "engatusado" por la mujer, sino que deliberadamente causó la caída de la raza" (Romanos 5:12-14; 1 Corintios 15:22).

Esto es importante porque, como dice John Stott: "Como resultado de la caída, la autoridad ha degenerado en la dominación y subyugación y el maltrato de la mujer a través de las edades." En algunos países las mujeres se cubren el rostro. Se las considera "seductoras" de hombres. Se las culpa de generar lascivia y la caída del hombre. Se las considera como las seductoras, no las seducidas.

Entonces Dios dijo a la mujer: "Aumentaré mucho tu sufrimiento en el embarazo; con dolor darás a luz a los hijos. Tu deseo te llevará a tu marido, y él se enseñoreará de ti" (Génesis 3:16).

¿Es éste un pasaje que describe, o que prescribe? ¿Está diciendo Dios que esta es su *receta* para corregir la situación, o es su *descripción* de cómo será la situación entre los sexos como resultado del pecado? ¡Aquí yace parte del debate que separa al mundo evangélico! Se pueden dar argumentos teológicamente convincentes tanto para el punto de vista jerárquico como el igualitario extraídos de este pasaje solamente, y mucho estudio servirá sólo para demostrar que todo este tema verdaderamente no es tan claro como parece ser.

Es suficiente decir aquí que la mujer no fue maldecida y tampoco lo fue Adán. La serpiente fue maldecida, y Cristo prometió hacerse nuestra maldición en la cruz (Génesis 3:15) para que la maldición de la muerte fuera destruida. En la cruz y en la comunidad de los redimidos una de las intenciones de Dios es restaurar su diseño original de reciprocidad en igualdad entre los sexos. El desafío de la iglesia es contrarrestar los resultados de la caída.

Entonces, uno de los resultados de la caída del hombre, el sufrimiento, en la práctica de la vida cristiana ha de ser superado por el estudio, la medicina, y los ministerios de sanidad. La tierra que fue afectada ha de ser cultivada y trabajada para producir comida para las naciones hambrientas, y la autoridad masculina ha de ser tal fuente de ayuda, amor y entrega sacrificada, que la pareja femenina pueda llegar a ser sustentada, prosperando bajo tal estímulo y dirección como fue la intención original de Dios (Efesios 5).

Nosotras, las mujeres, somos todas hijas de Eva. ¡No lo olvidemos! Nunca debemos luchar con la serpiente a solas. Como Eva, no podemos competir con la astucia de la serpiente, pues sus recursos no han cambiado. Somos mujeres con una identidad hecha a la imagen y semejanza de Dios, y aunque nuestro primer padre y nuestra primera madre cayeron y rompieron esa imagen, ésta ha sido restaurada en Cristo, quien es el remedio de Dios para nuestro pecado y sus resultados. Nuestras relaciones de familia, de iglesia y de comunidad deberían sentir el impacto de esa salvación. En el principio se perdió un paraíso terrenal, pero al final aguarda un paraíso celestial a aquellos que aceptan al Cristo de Dios como su Salvador.

• PARA CONVERSAR •

Tiempo sugerido

1. EXAMINEN LA IDENTIDAD DE EVA. *10 minutos*
   - ❑ Definan *identidad*. Mencionen maneras en que las mujeres actuales buscan su identidad.
   - ❑ Lean Génesis 1:26-31. Hablen acerca del paraíso de Eva. ¿Qué lo hacía tan perfecto?

2. EXAMINEN EL TRABAJO DE EVA. *10 minutos*
   Lean Génesis 2:18-25.
   - ❑ ¿Qué podemos aprender acerca de la intención de Dios respecto del trabajo, en este pasaje?
   - ❑ ¿Qué podemos aprender acerca de la relación ideal de Adán y Eva?

3. EXAMINEN LA IMAGEN DE EVA. *10 minutos*
   Lean Génesis 3:1-13.
   - ❑ Según el versículo 6, ¿cuál fue el problema con su manera de actuar?
     ¿Cuáles fueron los resultados de la caída?

   Discutan Génesis 3:15, 16 en relación con la cruz.
   - ❑ ¿Cuál fue la promesa del pacto de Dios?
   - ❑ ¿Qué desea Cristo en cuanto a las relaciones entre varones y mujeres ahora?

• PARA ORAR •

Tiempo sugerido

1. (En grupo) Alaben a Dios por todas las cosas que planeó para los hombres y las mujeres en la creación. *4 minutos*

2. (En lo individual) Oren por que la identidad de las mujeres sea restaurada por completo a medida que se encuentran con Cristo. *4 minutos*

---

3. (En parejas) Oren por las mujeres que se encuentran bajo el dominio de los hombres en: *4 minutos*
   - ❑ gobiernos
   - ❑ matrimonios
   - ❑ situaciones de trabajo

---

4. (En grupo) Oren para que los hombres vean a las mujeres como Dios las ve. *4 minutos*

---

5. (En lo individual) Oren por que las mujeres cristianas sean ejemplo en las nuevas relaciones en sus vidas. *4 minutos*

• PARA PROFUNDIZAR •

Jezabel

Una de las características de la buena literatura es la honestidad. Los personajes que son completamente buenos o completamente malos, generalmente no representan la realidad. Las Escrituras transpiran integridad al presentar al lector mujeres verdaderas que lucharon entre lo bueno y lo malo y no siempre tomaron las decisiones correctas. Eva y Jezabel son dos ejemplos de mujeres que afectaron sus mundos adversamente. Al comparar sus vidas, deja que sean tus mentoras. ¿Qué puedes aprender de sus errores?

Jezabel era una mujer que tenía una vasta influencia en su mundo como reina del norte de Israel. Su vida fue un ejemplo triste y severo de las consecuencias de usar el poder y el prestigio para fines malvados.

1. Consulta algún auxiliar bíblico (diccionario bíblico, Biblia de Estudio, o comentario) para el significado del nombre *Jezabel.*

Lee las siguientes referencias de Jezabel y construye un esquema de su carácter usando sólo substantivos en tu descripción: 1 Reyes 16:31; 18:4-19; 19:1, 2; 21:5-25; 2 Reyes 9.

¿En qué maneras desmienten su nombre la disposición, motivación e intenciones que ella tenía?

2. Busca los siguientes términos en un diccionario bíblico. Explica cómo impactan tu entendimiento del escenario histórico durante el reino de Jezabel.

   Etbaal

   Fenicios

   Baal

   Astarot/Astarte

   Acab

3. ¿Qué pecado devastador cometió Acab y cómo afectó el curso de la historia? (*cfr.* Jueces 2:11; 1 Reyes 11:2; 16:31-33).

¿Hay alguna advertencia o mandato en las Escrituras al que no le estás prestando atención?

4. ¿Con la imagen de quién se identificaba Jezabel? ¿Cuál era su pasión y cómo la aprovisionaba?

5. ¿Qué mal uso dio a sus dones y a sus puntos fuertes?

6. Prepara una lista de las consecuencias de sus acciones mostradas en su familia y en la nación de Israel.

   Acab

   Atalía (2 Reyes 8:26; 11; 2 Crónicas 22; 23:13-21; 24:7)

   Ocozías (1 Reyes 22:51-53; 2 Reyes 1:1-18)

   Joram (2 Reyes 9:14-24)

   Reino del Norte (Miqueas 6:16)

7. ¿Qué lecciones nos enseña la historia de la viña de Nabot? (1 Reyes 21)

8. ¿Te pareces a Jezabel? ¿Está mal dirigida tu pasión? ¿Qué puedes aprender de la vida de Jezabel?

9. Señala ejemplos de cómo tus acciones han afectado a aquellos que están en tu radio de influencia, sea para bien o para mal.

10. Pide a Dios que te ayude a influir en tu familia de manera positiva (*cfr.* 2 Timoteo 1:5; 1 Pedro 1:13-16; 3:1, 2).

Para estudio adicional

1. Escoge a otra mujer en la Biblia que influyó en su mundo negativamente y haz un estudio de carácter sobre su vida. ¿Qué lecciones puedes aprender y qué males puedes evitar usando su ejemplo negativo?

2. ¿Qué proverbio representa Jezabel en tiempos modernos?

• CAJA DE HERRAMIENTAS •

(Una sugerencia de recursos opcionales)

LA MUJER EN EL SERVICIO CRISTIANO

La mujer en el servicio cristiano, por Leslie E. Maxwell, presenta un estudio de mujeres y su ministerio desde los tiempos bíblicos hasta la época moderna. Ellas cambiaron su mundo a lo largo de la historia, y sus hechos constituyen un mensaje importante para la mujer de hoy.

2

Cambiaron su mundo por medio de su mansedumbre

(Sara y Priscila)

• PARA PENSAR •

Sara era una dama noble, ¡pero una noble rebelde! ¡Le llevó a Dios 127 años completar su trabajo maravilloso en la vida de Sara! Los cambios toman tiempo. Al leer la historia de Sara me llama la atención una cosa sobre todas las otras: ¡Dios no puede cambiar a una persona que no coopera! Demanda tiempo y dedicación ennoblecer a un rebelde, pero Dios, quien tiene todo el tiempo del mundo, puede esperar. El no va a imponer su voluntad sobre la nuestra.

Sara se nos muestra como ejemplo de tal cooperación. 1 Pedro 3:6 nos dice que ella tenía un espíritu manso y apacible. Sin embargo, cuando leemos el relato de la vida de Sara, no parece ser ni mansa ni apacible. Se nos dice que ella llamó a Abraham "señor", o "adonai", que significa *amo*, y se nos urge a ser "sus hijas" y seguir sus pasos. ¿Pero qué relación tiene esto exactamente con la mujer de esta época que puede, o no, estar casada con un Abraham?

La palabra *manso* no quiere decir "débil", sino más bien lo contrario. La idea es la de un caballo salvaje que ha sido domesticado, controlado por un dueño cariñoso. La palabra *apacible* lleva la idea de tener la disposición de ser instruido y de aprender. Jesús fue descrito como "manso" de espíritu. ¡No era de ninguna manera débil! El tenía en su persona un sentido de fortaleza y poder que iban unidos.

El nombre dado a Sarai nos da una indicación de su naturaleza. Su nombre se deriva de la misma raíz que la palabra *Israel* y puede significar "pelea o disputa". Lleva el sentido de contienda y litigio.

Sin duda la historia de Sara confirma estas ideas sobre su carácter. En Génesis 16:1-6 la encontramos disputando con Agar (su sierva), discutiendo con Abraham (su marido), mientras que algunos capítulos más adelante, en Génesis 18:10-15, ¡riñe con el Todopoderoso! Ella aparece como una mujer vivaz, enérgica, ¡con un espíritu turbulento! Además era muy hermosa. Su esposo, encontrándose en territorio hostil y temiendo por su vida, le pidió que mintiera por él. "Reconozco que eres una mujer bella", dijo él. Le pidió que dijera que era su hermana, ¡lo cual era verdad en parte, porque era su media hermana! De esta manera Abraham esperaba que los hombres de estas culturas extranjeras no lo mataran para poder poseerla. Esto en realidad ocurrió dos veces, primero con el rey Abimelec y más tarde con el faraón de Egipto. ¡Y todo esto cuando Sara tenía ya más de 80 años! ¡Supongo que una belleza como la de ella no es envidiable, cuando causa tantos problemas! Pedro nos dice que Sara era bella, tanto por dentro como por fuera. Dios miró su corazón. Su belleza no estaba sólo en lo físico, sino en su espíritu o actitud. Si esto es verdad, y debemos creerlo porque lo dice la Escritura, ¿cómo y cuándo Dios cambió a esta mujer mentirosa pero bella y vivaz, por una de naturaleza mansa y apacible? Dios cambió su nombre por Sara —Princesa— tan ciertamente como cambió su carácter, el cual había causado tanta contienda (Génesis 17:15, 16).

El error de Sara al mentir por Abraham fue que ella fue leal hasta el exceso. Estaba tan entregada a Abraham que no pudo ver que tal entrega no significaba hacer lo incorrecto. Pero Dios vio su compromiso con su esposo, con su misión y con su matrimonio, y usó esas mismas cosas a través del tiempo para refinar su carácter. Profundamente, Sara quería ser una mujer de Dios. Quería cooperar con él. Ese es exactamente el tipo de persona con la que Dios puede trabajar.

Por supuesto que Dios no quiere que mintamos por nuestros maridos como hizo Sara. ¡Eso no es lo que quiere decir una actitud sumisa! No somos llamadas a sometemos a hacer lo malo. Necesitamos recordar que el hombre —varón y mujer— creado a la imagen de Dios cayó, y la posición de autoridad, responsable por mantener los sexos en armonía y compatibilidad entre sí en compañerismo e igualdad, degeneró en dominación. Si su esposo trata de dominarla y decirle que haga algo en contra de la ley de Dios, como Abraham pidió a Sara, entonces usted debe "obedecer a Dios antes que a los hombres" (Hechos 5:29) y decir "no" (¡mansamente, por supuesto!).

Pedro mismo equilibra su declaración sobre Sara al decir que somos "coherederas de la gracia de la vida". Parte de nuestra herencia juntos es alentarnos unos a otros a hacer lo que sea *correcto*, no lo que sea *incorrecto*. ¿Qué quiere decir entonces la Biblia cuando nos llama a ser hijas de Sara? Yo creo que nos llama a emular la característica básica de cooperación con Dios, dándole oportunidad para cambiarnos.

Debemos reconocer, sin embargo, que la sumisión significa algo diferente en diferentes situaciones. Michael Griffiths dice que la misma palabra no puede significar la misma cosa en cinco categorías diferentes. Por ejemplo, él indica que la Biblia dice que debemos someternos al Estado (Romanos 13:1), las esposas a sus maridos (Efesios 5:22), los hijos a sus padres (Efesios 6:1; Lucas 2:51), y los siervos a sus amos (Efesios 6:5). ¡Es obvio que una mujer no debe someterse a su propio esposo de la misma manera que un siervo se somete a su amo! Un hijo no se someterá a su padre de la misma manera que al presidente. Las nuevas relaciones bajo el Nuevo Pacto permiten que el esposo sea responsable ante Cristo como su cabeza, para revertir los resultados de la caída, y escuchar con respeto la opinión de su esposa como una compañera igual en el trabajo del reino. Las nuevas relaciones vividas entre cristianos significa que podemos regocijarnos al estimar a otros como mejores que nosotros, y ser siervos para la causa de Jesús cualquiera sea nuestra edad, estado matrimonial o sexo. Si tan sólo Sara hubiera podido alentar a Abraham en sus momentos de debilidad, y si hubiera rehusado mentir por él, ambos podrían haber evitado la vergüenza de la reprimenda pública del faraón y de Abimelec, y el nombre de Dios no hubiera sido deshonrado. Entonces, la sumisión significa algo distinto para gente distinta en tiempos distintos. Nunca significa que nos sometamos a cualquier cosa. Para la mujer soltera significa algo diferente que para la mujer casada, pero para todos nosotros, tanto hombres como mujeres, una sumisión inicial a Dios como nuestro Salvador y Señor debe venir primero que todo. Entonces él nos ayudará a doblegar nuestro carácter fuerte a su voluntad. Sara aprendió a escuchar y a obedecer. Ella era educable, y el Señor la amó por eso. ¿Cómo desarrollamos esta actitud? ¿Somos educables, o argumentativas y porfiadas?

Primero, debemos vestir nuestras almas en oración diaria. Debemos desvestirnos espiritualmente cada día y luego decidir que vamos a vestir nuestras almas tan completa y cuidadosamente como vestimos nuestros cuerpos.

Segundo, debemos decidir ser educables. Sara se rió de Dios cuando él le dijo algo que era difícil de creer (Génesis 18:12). Ella aprendió con el tiempo a confiar en la palabra de Dios, a dejar de discutir, y simplemente aceptar sus promesas por fe. Nosotras escogemos ser una molestia o una ayuda. Si le entregamos el control a Dios del burro salvaje que llevamos dentro de nosotros, y decidimos responder en vez de reaccionar a las personas que nos rodean, el Dios que cambió a Sara nos cambiará y nos transformará a su imagen.

Tercero, también podemos agradecer las situaciones que nos hacen depender de Dios. Sara tuvo muchos años de aprendizaje para someterse a las circunstancias fuera de su control y que ella no pudo cambiar. Debido a su espíritu manso y apacible esas situaciones mismas fueron usadas por Dios para moldearla conforme al corazón de él.

Finalmente, podemos regocijarnos cuando tenemos una oportunidad para servir ¡a cualquiera!, esposos, padres, hijos, nietos, vecinos, amigos, compañeros creyentes, aun enemigos. *Servicio* es otra palabra para sumisión. Jesús mismo vino no para ser servido sino para servir (Marcos 10:45). Nosotras servimos a las personas al hacer lo que es bueno para ellas, al escucharles, aliviarles, cuidarles, ayudarles, y a veces aun decirles "no", ¡de una manera amable y mansa! ¡No sé de ninguna manera más rápida que ésta para desarrollar una princesa noble dentro de una mujer contenciosa!

• PARA CONVERSAR •

Tiempo sugerido

1. LEAN Y DISCUTAN 1 PEDRO 3:1-7. *10 minutos*
   Discutan libremente los comentarios de Pedro sobre:
   ❑ Esposas con maridos no creyentes
   ❑ El ejemplo de Sara

2. TRABAJEN EN GRUPOS O EN PAREJAS. *10 minutos*
   Lean Génesis 16:1-6 y 18:10-15.
   ❑ Imagínense que son Dios. ¿Qué sienten por Sara?
   ❑ Imagínense que son Sara. ¿Simpatizan con sus reacciones? ¿Por qué?
   ❑ Imagínense que son Agar. ¿Cómo se sienten?
   ❑ Imagínense que son Abraham. ¿Cuáles son sus sentimientos?
   Junten sus opiniones con las de todo el grupo. Resuman sus conclusiones.

3. DISCUTAN. *10 minutos*
   Cómo podemos:
   ❑ ¿Vestir nuestras almas en oración diaria?
   ❑ ¿Decidir ser educables?
   ❑ ¿Dar la bienvenida a situaciones que nos hacen depender de Dios?
   ❑ ¿Entregar a Dios el *gobierno* de nuestro espíritu?

• PARA ORAR •

Tiempo sugerido

1. (En lo individual) Medita silenciosamente sobre 1 Pedro 3:1-6. Agradece a Dios por las partes del estudio que te fueron de ayuda. *5 minutos*

2. (En grupo) Oren por otros que están enfrentando situaciones que no pueden cambiar: *10 minutos*
   - ❑ En su matrimonio
   - ❑ Sin hijos
   - ❑ Con temperamentos incontrolados y actitudes negativas

3. (En parejas) Compartan una necesidad de oración pertinente. Oren la una por la otra. Terminen con oraciones por un "espíritu manso y apacible" en ustedes. *5 minutos*

• PARA PROFUNDIZAR •

Priscila

Para este punto ya habrás notado que cada sección **Para profundizar** se enfoca en una mujer diferente (aunque en muchas maneras parecida) de la que se discute en la sección **Para pensar**. Las Escrituras están llenas de mujeres que nos enseñan con su ejemplo, y cada una tiene una lección pertinente para nosotras hoy. Tienes una oportunidad de conocer no sólo a ocho mujeres, sino a 16 mujeres de la Biblia quienes te enseñarán verdades espirituales a través de su ejemplo. Disfruta más o menos de una hora con cada una, y presta atención a todo lo que ella tiene que decir. Compara y contrasta a las dos mujeres presentadas en cada capítulo. Considera otros ejemplos femeninos en las Escrituras que se te ocurran mientras estudias. Imagina qué instrucciones, advertencias, y exhortaciones estas mujeres compartirían si estuvieran sentadas a tu mesa.

1. Recuerdas una maestra o maestro que fue extremadamente influyente en tu vida. ¿Qué te impresionó de él o ella?

2. Aunque Sara mostró un espíritu "educable", el Espíritu en realidad usó a Priscila para enseñar las Escrituras junto a su marido, Aquilas. ¿Por qué un maestro necesitaría ser educable? Lee la historia de Priscila en Hechos 18:2-4, 24-26; Romanos 16:3-5; 1 Corintios 16:19; y 2 Timoteo 4:19.

3. Aprendimos en la sección "Para pensar" que Sara estaba entregada a "su esposo, su misión, y su matrimonio". ¿En qué manera se considera a Priscila semejante a Sara en cada una de estas categorías? Da referencias para apoyar tu respuesta.

¿Qué admiras del matrimonio de Priscila?

4. ¿Qué servicios rindieron Priscila y su esposo a la iglesia?

Hechos 18:2-4

Hechos 18:18, 19

Hechos 18:24-26

Romanos 16:3-5

1 Corintios 16:19

5. Identifica los dones espirituales de Priscila y explica cómo los usó para la gloria de Dios.

6. ¿Cómo usó Priscila las habilidades prácticas que había aprendido?

7. Priscila y su esposo fueron “expulsados de Roma”. Vivieron en Corinto por un tiempo y después acompañaron a Pablo en barco a Siria y ministraron en Efeso. Traza sus viajes en un mapa. ¿Qué cualidades muy probablemente desarrollaría Priscila para estar envuelta en un ministerio tan itinerante? Ponte en su situación y menciona algunas de las cosas que serían difíciles para ti en lo personal.

8. Al liderazgo de Priscila con frecuencia se le da prominencia porque muchas veces su nombre aparece antes del de su marido. Consulta un auxiliar bíblico y da dos o tres razones distintas por las cuales se encuentra su nombre primero. ¿Qué respuesta está más apoyada por el texto?

9. Como pareja, Aquilas y Priscila tenían un ministerio de enseñanza y discipulado efectivo. Da un ejemplo de cómo multiplicaron su ministerio (Hechos 18:24-28, 1 Corintios 1:12).

10. ¿En qué área preferirías tú ser más como Priscila? ¿Cómo podrías mejorar la administración de las habilidades que Dios te ha confiado? ¿Estás multiplicando los dones espirituales que Dios te ha dado? ¿Qué legado te gustaría dejar?

Para estudio adicional

1. Haz un inventario de dones espirituales y pide a tu pastor o a algún amigo cristiano sabio que te ayude a evaluar tus propios dones.
2. Haz un esfuerzo para usar tu hogar este mes para el beneficio del cuerpo de Cristo.

• CAJA DE HERRAMIENTAS •

(Una sugerencia de recursos opcionales)

JONI EARECKSON TADA

A pesar de ser discapacitada, Joni Eareckson Tada está cambiando su mundo. En 1967 Joni, al zambullirse en aguas poco profundas, sufrió un accidente que la dejó cuadripléjica. A través de sus luchas espirituales ha desarrollado una relación íntima y entregada a Dios. Hoy Joni está impactando su mundo para Cristo a través de películas, libros, como oradora y con la pintura. No es sólo una evangelista: Joni vive lo que predica. Está trabajando activamente para despertar las conciencias hacia los discapacitados y sus necesidades a través de su ministerio, "Joni y Amigos". Sus libros en español incluyen *Joni, Un paso más, Alternativas y cambios, y Lugar tranquilo en medio de un mundo loco.*

3

Cambiaron su mundo por medio de sus dones (María —la hermana de Moisés— y Hulda)

• PARA PENSAR •

María era valiente... tenía que serlo. Vivió en Egipto durante tiempos oscuros y difíciles. El trono ahora estaba controlado por un faraón que no conocía a su antepasado José, quien había usado su posición en Egipto para mantener a su pueblo fuera de peligro. Ahora todos eran esclavos de este nuevo rey. La crueldad era la orden del día. Azotaban con látigos las espaldas de los judíos, y se alzaban llantos hacia el cielo pidiendo ayuda. Junto con su pueblo María aprendió a orar. Dios oyó su clamor (Exodo 2:24) y tuvo compasión de ellos.

Faraón había ordenado que todos los niños varones hebreos que nacieran fueran echados al río Nilo. María ayudó a sus padres, Amram y Jocabed, a ocultar a su hermoso bebé hasta que ya era demasiado grande para ser escondido. Entonces lo pusieron en una arca en el Nilo, donde la hija del faraón tomaba sus baños. María esperó en la orilla y miró para ver que ocurriría con su hermano. ¡Cómo habrá sufrido cuando escuchó los llantos de su hermanito! ¡Y también se habrá preguntado qué hacer en cuanto a los cocodrilos!

La hija del faraón sacó a Moisés del agua, y María demostró una gran iniciativa al sugerir encontrar una nodriza hebrea para el bebé. La hija del faraón, quien se compadeció del pequeño bebé, asintió, y María corrió de prisa y trajo a su propia madre.

Dios había diseñado a María con una tarea específica en mente, equipándola para que la realizara. Era una niña valiente e inteligente, con una herencia familiar espiritual muy rica. El padre de María, Amram, era descendiente de Abraham, y se le menciona junto con su esposa en Hebreos como parte de la galería de héroes de Dios. En este capítulo emocionante la Biblia nos dice que Amram y Jocabed no temieron el mandamiento del rey y estaban llenos de fe (Hebreos 11:23).

Necesitamos seguir su ejemplo, sin importar cuán difíciles o peligrosas se pongan las cosas para nuestros hijos, y estar llenas de fe y fortaleza. Entonces, con la ayuda del Señor, veremos a nuestros hijos crecer para amarlo y servirlo. María vio a Dios responder, de una manera extraordinaria, a las oraciones de sus padres y a las suyas propias.

María aprendió cuatro lecciones básicas en Egipto. Primera, aprendió que se puede confiar en la palabra de Dios. Aparentemente, el Señor había prometido a sus padres liberación y ellos entendieron que Moisés tendría una parte en eso. Segunda, aprendió que Dios responde a las oraciones. Tercera, aprendió que Dios usa instrumentos humanos para hacer su voluntad, y que él siempre capacita a los que llama. A él no le importa si su gente es alta o baja, delgada o gorda, blanca o negra, vieja o joven. Todo lo que él pide es un corazón dispuesto, una mente lista, y unas manos consagradas. ¡El hará el resto! Cuarta, aprendió todas estas cosas durante tiempos turbulentos. Su Dios demostró ser una ayuda muy presente y adecuada en los días más oscuros. María tuvo mucho tiempo para probar la fidelidad de Dios. Pasarían 40 años hasta que Moisés creció y huyó del palacio de faraón, y otros 40 años hasta que volvió a Egipto para conducir a su pueblo a la libertad. Durante este tiempo Amram y Jocabed fallecieron mientras que Aarón y María fueron esclavos junto con los israelitas.

La siguiente vez que vemos a María en las Escrituras, Moisés ha vuelto para llevar a su pueblo a Canaán y ya han pasado sin peligro a través del mar Rojo. Ella era una de las líderes que Dios escogió para el Exodo. Se estima que 600.000 personas salieron de Egipto. Moisés era su profeta y legislador, Aarón su sumo sacerdote, ¡y María su profetisa! Los tres proveyeron liderazgo espiritual y guía para todos. La Biblia nos dice que Dios mismo consideró a María como una de los tres grandes líderes de Israel (Miqueas 6:4). Las mujeres no fueron excluidas del oficio profético en el Antiguo Testamento. Ana, Hulda y la esposa de Isaías son otros ejemplos.

Un profeta hebreo proclamaba la palabra de Dios, hacía revelaciones proféticas sobre el presente o el futuro, predicaba, alentaba, consolaba, y aconsejaba. Existe un debate sobre esta cuestión: ¿Tienen estos mismos dones las mujeres bajo el Nuevo Pacto? Y si los tienen, ¿cómo usa sus dones en la iglesia una María moderna? Este debate se extiende alrededor de algunos textos, siendo uno de ellos 1 Timoteo 2:11-15. Pues dice: "La mujer aprenda en silencio, con toda sujeción; porque no permito a una mujer enseñar ni ejercer dominio sobre el hombre, sino estar en silencio. Pues Adán fue formado primero; después, Eva. Además, Adán no fue engañado; sino la mujer, al ser engañada, incurrió en transgresión."

Nuestra denominación o nuestro trasfondo cristiano probablemente sean un factor determinante en cuanto a cómo consideramos este versículo en particular. Basta decir que su significado superficial parece contradecir otros materiales paulinos, e indica que ésta era una situación "ocasional", una que condujo a una epístola ocasional del Apóstol.

Cierta Biblia de estudio resume qué es lo que acontecía en la iglesia de Efeso, presentando el escenario para la carta de Pablo a Timoteo. Las mujeres eran orgullosas, mandonas, y dominaban sobre todos los otros. Dake dice en su nota al pie de la página: "La mujer no debe mandar al hombre, pero sí ejercer sus derechos de enseñar, profetizar, o predicar, orar, y hacer otras cosas, bajo la autoridad del hombre".

María no era una mujer casada. (A propósito, algunos piensan que 1 Timoteo 2 se dirige a las mujeres casadas y no a las solteras, o no a todas las mujeres.) Moisés, sin embargo, era el hombre que Dios había puesto en autoridad sobre Israel, incluyendo a Aarón y a María. Juntos, Moisés, Aarón y María, condujeron a Israel. Dios seguramente había hablado tan claramente a través de Aarón y María como lo había hecho a través de Moisés. No veo cómo esto puede ser discutido.

Pero un día María sobrepasó los límites y usurpó la autoridad de Moisés. Sí, ella era un líder y una maestra —de hombres tanto como de mujeres—, pero se le había dado alguien ante quien ser responsable, su hermano menor en este caso. Un día ella usó la circunstancia del matrimonio de su hermano con una mujer cusita como una oportunidad para dominar a Moisés y codiciar su puesto. María también se llevó a Aarón junto con ella (Números 12:1-2).

Debo confesar que me he preguntado muchas veces por qué sólo María fue atacada con lepra en este punto y no Aarón, siendo que ambos tomaron parte en esta rebelión. He llegado a comprender que esto no fue porque ella era mujer, sino porque fue la instigadora, y su hermano simplemente la siguió. El orgullo muchas veces comienza, como en este caso, con un espíritu crítico, se desarrolla hacia un espíritu codicioso y llega a ser extremadamente peligroso. Necesitamos recordar que Moisés era el hermano "bebé" de María, como también de Aarón; por lo tanto debe de haber sido difícil para ella olvidarse de eso. Pero el orgullo no tiene lugar en los asuntos de Dios y especialmente entre sus líderes, sean hombres o mujeres. Este problema tenía que ser tratado severamente para que Israel aprendiera humildad.

La autoridad privilegiada que Dios le otorga a una mujer como María debe ser tratada con mansedumbre extrema y ejercida en el temor de Dios. Moisés estaba ejerciendo esa autoridad de esa manera, como Números 12 nos dice. María, sin embargo, había dejado que el orgullo le provocara una caída. Ella y su hermano se habían quejado contra Moisés. "¿Por qué ha de recibir él todo el reconocimiento por sus dones espirituales?", se preguntaron el uno al otro. "¿No son *nuestros* dones igualmente importantes e impresionantes?"

Los dones de Dios son los dones de Dios. Entonces, ¿por qué debemos enorgullecernos personalmente por ellos? Puede ser que el dotar a los 70 ancianos con poderes proféticos haya sido algo amenazante para María y Aarón (Números 11:17). De todos modos, Dios llamó a Moisés, Aarón y María a una reunión con él; y después de este encuentro, a María se la vio blanca con lepra.

¡El orgullo es como la lepra y necesita tiempo para calmarse! María, por lo tanto, fue enviada fuera del campamento por siete días. Después de esto, perdonada y restaurada, Dios respondió a la oración de Moisés por ella y la sanó. El pueblo de Israel no se puso en marcha hasta que se la trajo de vuelta al campamento. A veces, como seguramente sucedió en la iglesia de Efeso, Dios tiene que poner a las personas orgullosas en su lugar. El las remueve de sus posiciones y les quita el poder. Pero también perdona y restaura a las personas talentosas. Es difícil predicar y enseñar cuando se es orgulloso. Se puede hacer, por supuesto, ¡pero no se realizará nada con significado eterno! Dará poco fruto.

Dos veces en el relato bíblico de la vida de María la Biblia dice: "Dios oyó". Oyó los clamores de la gente para su liberación y oyó las conversaciones orgullosas, rebeldes contra Moisés, el líder nombrado por él. El respondió a ambos clamores. Hoy libera a su pueblo del castigo, pero también libera a su pueblo del orgullo. Nuestro Dios es un Dios oyente, ayudante, sanador, pero también un Dios *santo*. Después del desliz de María ella volvió a guiar a Israel junto con sus dos hermanos por 38 años más. Fueron años agotadores, y ella no entraría a Canaán, pero yo creo que fueron años maravillosos también mientras cumplió el plan de Dios para su vida y con gozo vivió su "llamado divino".

• PARA CONVERSAR •

Tiempo sugerido

1. REPASO EN GRUPOS. *10 minutos*
   Repasen los tres incidentes que la Biblia nos muestra acerca de María:
   - ❑ Exodo 2:1-8
   - ❑ Exodo 15:20, 21
   - ❑ Números 12:1-16

   Elijan uno de estos incidentes y compartan:
   - ❑ La lección que han aprendido
   - ❑ Una promesa que pueden proclamar
   - ❑ Una advertencia a la que hay que hacer caso

2. ESTUDIA EN LO PERSONAL. *10 minutos*
   Busca los siguientes versículos sobre el orgullo y anota tus propios descubrimientos:
   - ❑ Proverbios 8:13
   - ❑ Proverbios 13:10
   - ❑ Proverbios 16:18
   - ❑ Proverbios 29:23
   - ❑ Daniel 4:37

3. En grupos de tres discutan: *10 minutos*
   - ❑ ¿Cómo descubrimos nuestros dones?
   - ❑ ¿Cómo los usamos?

• PARA ORAR •

Tiempo sugerido

1. (En grupo) Alaben a Dios por:
   - ❑ Respuesta a la oración
   - ❑ Crearnos y acondicionarnos para su plan y su propósito *8 minutos*

- ❑ Preservarnos a nosotros y a nuestros hijos en momentos de aflicción
- ❑ Preocuparse por nosotros cuando sufrimos

---

2. (En grupo) Oren por niños como Moisés que son maltratados, están en peligro, o sin nacer aún. Oren por líderes como Moisés, Aarón y María. *7 minutos*

---

3. (En lo individual) Ora por: *5 minutos*
   - ❑ Ti misma
   - ❑ Tu familia
   - ❑ Tu trabajo
   - ❑ Tu mundo

• PARA PROFUNDIZAR •

Hulda

Tanto María como Hulda eran profetisas, un llamado especial y raro para una mujer en el Antiguo Testamento. ¿Qué características sobresalientes poseyeron ambas para haber sido honradas con un don tan valioso? (1 Corintios 14:1)

1. Durante el reino del rey Josías Hulda era una profetisa. ¿Qué podemos suponer sobre el clima espiritual de la nación de Judá durante este tiempo?

   2 Reyes 21:19-22

   2 Reyes 22:13

2 Reyes 22:17

2 Crónicas 33:21-25

2 Crónicas 34:3-7

2 Crónicas 34:8

2 Crónicas 35:18

2. Lee 2 Reyes 22:14-20 y 2 Crónicas 34:22-33. Aparte de Hulda, ¿qué otro profeta podría haber aconsejado a Josías acerca de la autenticidad del manuscrito?

¿Por qué habrá elegido el Señor a una mujer para cumplir este ministerio en una cultura orientada hacia el varón?

3. Consulta un auxiliar bíblico para las siguientes definiciones:

profeta

profecía

4. ¿Qué habrá mostrado el carácter y el estilo de vida de Hulda para haberle sido confiado este ministerio?

   Deuteronomio 13:1-5

   Deuteronomio 18:20-22

   1 Pedro 4:10, 11

   1 Pedro 5:6

5. Compara a Hulda con María. ¿Qué tenían en común?

6. Examina el contenido de la profecía de Hulda (*cfr.* 2 Reyes 22:14-20).
   ¿Qué prometió el Señor? (v. 16)

   ¿Qué tres acusaciones se hicieron contra Judá? (v. 17)

   En contraste, ¿qué tres recomendaciones tuvo el Señor para Josías? (v. 19)

   ¿Qué recompensa se le dio a Josías?

7. El ministerio de Hulda tuvo una gran influencia tanto en Josías como en la nación de Judá. Anota los resultados directos de su profecía.

   2 Crónicas 34:30

   2 Crónicas 34:31

   2 Crónicas 34:33

   2 Crónicas 35:1

8. ¿A quién ha puesto Dios bajo tu autoridad o dentro de tu círculo de influencia? ¿Qué efecto puedes tener en su(s) vida(s)? ¿Qué diferencia está haciendo tu vida en la de ellos? ¿Qué impacto mundial pudieras hacer para Cristo?

9. A Josías se le considera uno de los pocos reyes que trajo avivamiento y reforma. ¿Por qué específicamente es recordado por el cronista?

   2 Crónicas 34:1, 2

   2 Crónicas 35:26

10. ¿Qué recuerdo estás dejando a aquellos en los que influyes?

Para estudio adicional

1. Memoriza esta lista de los reyes, tanto de los reinos del norte como del sur.

Israel (Reino del norte)	*Judá (Reino del sur)*
Jeroboam	Roboam
Nadab	Abías
Baasa	Asa
Ela	Josafat
Zimri	Joram
Omri	Ocozías
Acab	Atalía
Ocozías	Joás
Joram	Amasías
Jehú	Azarías (Uzías)
Joacaz	Jotam
Joás	Acaz
Jeroboam II	Ezequías
Zacarías	Manasés
Salum	Amón
Menajem	Josías
Pecaías	Joacaz
Pecaj	Joacim
Oseas	Joaquín
	Sedequías

2. Estudia otros reyes conocidos por su amor a Dios. ¿Quién influyó en ellos para que hicieran el bien?

• CAJA DE HERRAMIENTAS •

(Una sugerencia de recursos opcionales)

ELISABETH ELLIOT

Elisabeth Elliot fue, junto a su esposo Jim, una misionera entre los indios quichuas y aucas de Ecuador. Era su deseo llevar la palabra de Dios a los pueblos sin Cristo. Jim y otros cuatro misioneros fueron asesinados por los aucas al intentar hacer contacto con esta tribu tímida y hostil. Pero la vida de Elisabeth y su trabajo misionero no acabaron con la muerte de Jim. Elisabeth y su hijita, Valerie, continuaron el trabajo que ella y su esposo habían comenzado. Dios le dio un privilegio similar al que le había dado a Hulda. Con el tiempo los aucas abrieron sus corazones al Señor Jesús, y Elisabeth pudo compartir la Palabra preciosa de Dios con ellos. Ella fue otra mujer que cambió su mundo a través del evangelismo, misiones, y sus dones para escribir y hablar. Sus libros incluyen *Through Gates of Splendor* [Portales de Esplendor], *Passion and Purity* [Pasión y pureza], *The Journals of Jim Elliot* [El diario de Jim Elliot], *Discipline: The Glad Surrender* [Disciplina: Una entrega gozosa], y *A Chance to Die* [Una oportunidad para morir].

4

Cambiaron su mundo por medio de su fe (Rajab y Lidia)

• PARA PENSAR •

Hay un cordón escarlata que corre a través de las Escrituras desde Génesis hasta el Apocalipsis. Comienza en Génesis 3:15 cuando Dios promete redención al hombre caído, sigue su trayectoria hacia la cruz de Cristo, y continúa hasta parar en el cielo delante del trono del Cordero. En varios lugares a través de la Biblia, un hombre o una mujer cuelga un cordón escarlata fuera de la ventana de su vida, diciendo: "Esto simboliza mi identificación con un Salvador." Rajab lo hizo.

Rajab vivió en los días de Josué. Dios le había dicho a Josué que tomara la Tierra Prometida, expulsara a los cananeos, y que destruyera totalmente sus ciudades. Rajab vivía en Jericó, uno de los pueblos cananeos. Josué despachó a dos espías para inspeccionar a los contrarios. Llegaron al pueblo de Rajab y entraron en su casa, construida sobre la muralla de la ciudad.

Algunos dicen que ella era una mesonera, otros dicen que era una prostituta. Pero el hecho es que los espías se encontraron con ella. El rey de Jericó supo de ellos y le dijo a Rajab que los entregara. Pero ella los escondió muy valientemente y mandó a los soldados del rey a una búsqueda en vano. Pidió a los espías que libraran de la muerte a su familia cuando tomaran la ciudad, y ellos le prometieron que lo harían si ella mantenía silencio y colgaba un cordón escarlata en su ventana. Así lo hizo. Cuando Josué vino, ella y su familia fueron los únicos que se salvaron.

Rajab era una persona que no mostraba exteriormente lo que había en su interior. Al ver su apariencia por fuera, nadie podría imaginarse que fuera totalmente otra persona por dentro. Era una muchacha desventurada, desamparada, desesperada, pero aparentaba vivir una vida feliz. La tradición sostiene que era una mujer desventurada porque se hizo prostituta a los 10 años. "Una belleza poco común", los rabinos judíos decían. Ella se encontraba desamparada en su angustia presente porque, de acuerdo con su propio testimonio, su "corazón desfalleció"...y declaró que no había quedado más aliento en ninguno a causa del ataque que vendría de los israelitas (Josué 2:11). Se sentía desesperada por su porvenir, y dijo a los espías: "Sé que Jehovah os ha dado esta tierra" (Josué 2:9). ¡Y la tierra incluía su tierra, su casa, su familia, su vida misma!

Quizá tú seas como Rajab en el sentido que estás sufriendo por dentro debido a un pasado desventurado, un presente crítico, y un futuro sin promesa, pero nadie lo adivinaría porque te las has arreglado para presentar un "frente" por fuera.

Probablemente Rajab se había convertido en una persona despreciable, sin valor ante los ojos de otras personas, pero no ante los ojos de Dios. Ella reacciona impulsivamente y sin escrúpulos cuando miente a su rey y se hace parte de un complot que resulta en la destrucción de toda su ciudad, ¡pero Dios no sólo mira lo de afuera, sino lo de adentro!

Hoy, muchas mujeres se sienten despreciadas y sin valor y pueden haber comprometido sus principios para sobrevivir al abuso y las indignidades que han sufrido, pero yo creo que todo el tiempo los corazones de las mujeres claman: "¡Lo que soy por fuera no tiene nada que ver con lo que realmente quiero ser por dentro!" Por más que te sientas sin valor, vales la vida del Hijo de Dios entregada en nombre tuyo. ¡Tienes un gran valor eterno a sus ojos!

Debemos tener cuidado de no evaluar a la gente por su apariencia. Dios mira el corazón y debemos pedirle que nos ayude a ver "lo de adentro". ¡"Lo de afuera" también! Dios le hizo recordar a Samuel esto cuando él vio la estatura, apariencia, edad, y experiencia de Eliab, y estaba seguro que éste debía ser el ungido de Dios, ¡cuando todo el tiempo Dios estaba mirando a un muchacho más pequeño, menor, y sin experiencia llamado David que tenía un gran corazón rendido a él! (1 Samuel 16:6-12). Entonces, ¿que vio Dios cuando miró el interior de Rajab?

Vio en ella una "buscadora" quien, si se le daba la oportunidad, llegaría a ser una seguidora ferviente de Jehová. Vio que ella creyó que él era Dios arriba en los cielos y abajo en la tierra (Josué 2:11). Ella creyó que él era visible (¿no había secado el mar Rojo para que pasara su pueblo?) y viable, un Dios presente y activo. Aun más, ella creyó que él era valioso, por el cual valía la pena arriesgarlo todo, y que era digno de toda adoración.

Los espías le ofrecieron salvación (la cual aceptó) y mantuvieron su promesa de librarla de la muerte y a todos los de su familia cuando el juicio llegara a Jericó.

¡Entonces Rajab se transformó en una persona que dejó ver su belleza interior! ¡Dios vio su corazón, satisfizo su necesidad, perdonó su pecado, y él "la volteó al derecho"! Dios había visto a la persona que ella soñaba ser y comenzó a cambiarla a su imagen. La libró del juicio y la muerte y la puso en un mundo enteramente nuevo y maravilloso. Le dio una familia nueva y un futuro nuevo. La tradición rabínica nos dice que ella fue luego la esposa de Josué, ¡y ocho sacerdotes y profetas incluyendo a Jeremías fue su progenie! Pero la Biblia nos dice que ella fue la esposa de Salmón y la madre de Boaz, quien se casó con Rut. Desde luego se la cuenta como una mujer de fe (Hebreos 11:31) y de buenas obras (Santiago 2:25). Sobre todo, su nombre aparece en la genealogía de Cristo mismo (Mateo 1:5), un testimonio de la nueva dirección que tomó su vida.

Nuestra salvación refleja la experiencia de Rajab. Aun cuando enfrentamos una ruina justa debido a que nuestro pecado ofende a un Dios santo, el Dios de gracia nos ofrece el cordón escarlata mojado con la sangre de su sacrificio. Como Rajab, nosotras debemos elegir apropiarnos de su oferta de perdón y demostrar nuestra lealtad en la ventana de nuestras vidas. Luego debemos convertirnos en personas que mostremos externamente el cambio que se ha operado en nuestro interior. Debemos vivir de acuerdo con lo que creemos. Vamos a tener que tomar buenas decisiones en cuanto a compañeros de vida, estilos de vida y direcciones. Entonces nos encontraremos conectadas firmemente a Cristo y a su causa y se nos contará como mujeres de fe y de buenas obras. Dios puede cambiar a cualquiera. ¿Nos ha cambiado a nosotras?

El cordón escarlata

Como en Rajab, en mí hubo dos personas:
La que mostraba al mundo, y la de adentro,
Y aunque tal vez feliz yo parecía,
Escondía muy bien mi sufrimiento.

Mas compasivo me ofreció "un espía"
Un cordón escarlata que redime,
Es la sangre de Cristo derramada
Para dar salvación al que en él cree.

Tomé con gozo aquel cordón de grana
Que protección eterna me daría,
Lo colgué en la ventana de mi alma
Y mi vida cambió desde ese día.

Alguna vez, cuando a Jesús me encuentre,
Llevaré ese cordón entre mis manos:
A sus pies lo pondré, y él tiernamente
Tejerá del cordón una corona.

La pondrá con amor sobre mi frente
Y al contemplar su rostro tan divino
Veré sobre su frente una corona,
Mas la de él fue tejida con espinas.

(Adaptado al castellano por Adelina de Almanza)

• PARA CONVERSAR •

Tiempo sugerido

---

1. ESTUDIA JOSUE 2. *10 minutos*

❑ ¿Qué representa el cordón escarlata?

Lee la genealogía en Mateo 1.

❑ ¿Qué otros nombres en esta lista te sorprenden? ¿Por qué?

❑ ¿Qué te enseña la historia de Rajab acerca de:
Dios?
Josué?
Los espías?
Rajab?
Su familia?

---

2. USA TU IMAGINACION. *10 minutos*

Imagínate que eres Rajab.

❑ ¿Te costaría creerlo? ¿Por qué?

Imagínate que eres uno de los espías.

❑ ¿Qué te parece que estuvieron tentados a hacer?

Imagínate que eres de la familia de Rajab.

❑ ¿Qué pensarían ellos?

---

3. COMPARTE. *10 minutos*

¿Has sido una persona distinta por fuera a la que eres por dentro? ¿Has cambiado a una "de adentro hacia afuera"?

• PARA ORAR •

Tiempo sugerido

1. (En lo individual) Ora por las personas que: — *8 minutos*
   - ❑ Parecen no tener necesidades internas.
   - ❑ Necesitan colgar "el cordón escarlata" en sus vidas.
   - ❑ Están en tu familia y no quieren creer la verdad.

2. (Como grupo) Lean Hebreos 11:31 y piensen por qué se menciona a Rajab en este capítulo. Alaben a Dios porque el nombre de cada uno de ustedes está escrito en el libro de Dios. (Si alguna no está segura, ¡pida a Dios que lo escriba ahora mismo!) — *7 minutos*

3. (En parejas) Oren por las "Rajabs" que han sido liberadas del juicio pero que no están "viviendo lo que creen". Oren por los Jericós de este mundo, que están condenados a menos que Dios tenga misericordia y la gente se vuelva a él. — *5 minutos*

• PARA PROFUNDIZAR •

Lidia

Rajab y Lidia fueron ambas de la primera generación de creyentes. Ninguna de las dos tenía una herencia cristiana sobre la cual apoyarse. Ambas tomaron grandes riesgos para abrazar su nueva fe. ¿Qué aliento puedes extraer de sus vidas?

1. Una cualidad cautivante generalmente acompaña a un nuevo creyente en Cristo. Acuérdate de alguien que corresponda a esta descripción. ¿Hay algo que te impacta sobre esa persona?

2. Lee Hechos 16:11-15, 40. Dibuja un mapa abajo trazando los viajes de Pablo en este pasaje. ¿A qué continente está llevando Pablo el evangelio por primera vez?

3. Cuando estamos haciendo un estudio bíblico a fondo siempre debemos tener en cuenta los cambios en la geografía. Usando un diccionario bíblico, busca los siguientes lugares y toma nota de los detalles significativos en sus descripciones.

   Troas

   Samotracia

   Neápolis

Filipos

Macedonia

Tiatira

4. ¿Qué encuentras de raro acerca del lugar donde Pablo pasó ese sábado en particular, en contraste con otros sábados durante sus viajes misioneros? (Hechos 13:5, 14, 42-44; 14:1, 17:1-4, 10, 16, 17; 18:1-4,19)

   ¿Qué esperaban encontrar Pablo y sus compañeros a la orilla del río y por qué?

5. ¿Qué nos revela este pasaje acerca de las mujeres europeas, en general, durante el primer siglo?

6. ¿Qué nos dice en particular acerca de Lidia?

   Su vocación

Su condición espiritual

Su espíritu generoso

Su estado financiero

7. ¿Qué evidencia demostró Lidia de su nueva fe en el Señor Jesucristo?

8. ¿Qué cambios esperarías ver en la manera de hacer negocios de Lidia, en su hogar, estilo de vida, y amistades como resultado de su conversión?

9. ¿Qué honor se le dio a Lidia por el cual todavía se la conoce 2.000 años más tarde?

10. Descubre cuatro maneras en que Rajab y Lidia se parecen.

11. ¿Conoces a algunas mujeres que en tu opinión es improbable (como Rajab) o probable (como Lidia) que lleguen a ser cristianas? Escribe sus nombres abajo y ora:

    Por una oportunidad para ofrecerles tu amistad
    Por una oportunidad para compartir con ellas el mensaje de salvación
    Para que el Señor abra sus corazones como lo hizo con Lidia
    Para que ellas tengan una influencia positiva en el mundo que las rodea

12. ¿Qué nos puede enseñar Lidia acerca de:

Servir a los misioneros?

Tener un espíritu hospedador en el hogar?

La generosidad?

No avergonzarnos del evangelio?

No permitir que nuestra profesión dicte nuestra espiritualidad?

13. ¿Cómo pueden tú y tu familia comenzar hoy a tener una influencia positiva para Cristo en su vecindario, lugar de negocios, y comunidad?

Para estudio adicional

1. En los versículos anotados abajo, según Jesús ¿cuáles son las verdaderas evidencias de la vida cristiana?

   Juan 14:12
   Juan 14:15, 23
   Juan 15:5
   Juan 15:17
   Juan 15:19
   Juan 16:15

2. Lee Filipenses 1:1-11. ¿Por qué Pablo alaba a los fieles en Filipo, y cómo ora por ellos?

• CAJA DE HERRAMIENTAS •

(Una sugerencia de recursos opcionales)

EL CORAZON DE UNA MADRE

El Corazón de una Madre, por Jean Fleming (Editorial Betania), Cuando Dios dio a la mujer la tarea de "madre", su propósito era que cumpliera esta tarea con éxito. Criar hijos es un trabajo tremendamente duro; pero Dios la respalda enteramente. El quiere utilizar a la madre a fin de preparar a su hijo para los rigores de la vida.

El Corazón de una Madre explica la manera de hacer un inventario de un hijo, cómo orar solícitamente por él, amarle y enseñarle acerca de Dios.

5

Cambiaron su mundo por medio de su fortaleza

(Débora y Ana)

• PARA PENSAR •

Esta es la historia de Abeja y Relámpago, también conocidos como Débora y Barac. Josué había muerto. Las tribus de Israel estaban dispersas, desmoralizadas, y sufriendo, sin poder experimentar la bendición que habían anticipado cuando entraran a Canaán.

Dios se había revelado a toda la humanidad desde el tiempo de Adán hasta el diluvio. Sin embargo, luego que las personas que él creó lo rechazaron continuamente, él decidió ejecutar su gran plan de redención a través de un pueblo cuyo padre era Abraham. Después de esto los beneficios serían entregados nuevamente a todo el mundo.

Parte del plan era aumentar a esta nación numéricamente y darle un lugar especial donde vivir: la tierra de Canaán. Una característica principal de este plan era que el Señor sería el Gobernador Supremo de la nación, tomando las decisiones finales por la gente. Al contrario que cualquier otra nación, Dios sería Rey. Esto demandaría obediencia completa por parte de todo individuo.

No habría ningún oficial civil, aunque ciertas personas tendrían alguna autoridad. Habría sacerdotes, profetas, profetisas y jueces. Los sacerdotes tendrían un ministerio de enseñanza oral, presentarían los sacrificios para modelar la idea de sustitución por el pecado, y discernirían la voluntad de Dios.

Los ancianos civiles serían personas con edad y sabiduría, quienes juzgarían homicidios, escucharían disputas familiares, y resolverían controversias en las puertas de la ciudad. Los profetas no tendrían ninguna función de gobierno, pero traerían un mensaje de Dios para motivar y alentar.

Cuando el pueblo rechazó el gobierno de Dios, él dio poder a jueces para las situaciones de emergencia que ocurrieran debido a la desobediencia de la gente. Débora fue una de ellos. ¡La única mujer entre los jueces con ese don!

Débora celebraba su corte bajo una palmera, escuchaba las historias de la opresión que sufrían los israelitas por parte de Jabín, rey de los cananeos y Sísara, su comandante. La gente le contó a Débora sus problemas, y Dios le dijo que eligiera a Barac para liberarlos. Débora lo llamó y él respondió, pero dijo que no lo haría sin ella. Ella lo reprendió por su temor, pero lo alentó a que confiara en la fortaleza del Señor. Barac persiguió al ejército de Jabín de vuelta a su país, aunque fue Jael, una mujer quenea, quien mató a Sísara, y así se cumplió la profecía de Débora acerca del asunto (Jueces 5:26).

Débora era muchas cosas. Más que nada era una guerrera del Señor y una luchadora. ¿Lo somos nosotras? Primeramente necesitamos darnos cuenta de que hay una batalla llevándose a cabo, una guerra por ganar. Las fuerzas del mal han invadido a las fuerzas del bien. Estamos en guerra. Es la guerra de Dios. Las almas están en peligro. Cristo es nuestro comandante y nosotros, hombres y mujeres, somos sus soldados.

Cuando Josué entró por primera vez a la Tierra Prometida se encontró con el ángel del Señor. "¿De qué lado estás?", le preguntó al ángel asombrado con la apariencia de este ser increíble con su espada reluciente (Josué 5:13). En esencia, el ángel del Señor respondió: "Yo soy el Capitán del ejército del Señor. No he venido a tomar partido, ¡he venido a conquistar!" Débora alentó a Barac a recordar esto (Jueces 4:6; 5:23). Así que la guerra que luchamos contra el mal es del Señor; Cristo es nuestro comandante y nosotros somos sus soldados.

Dios tiene fuerzas aéreas: soldados invisibles en los cielos (Jueces 5:20; Efesios 6:12), pero también tiene fuerzas terrestres: nosotros. Este vasto ejército está formado por hombres y mujeres.

Dios usó a Débora, no porque Barac no se decidía a hacer lo que tenía que hacer; más bien eligió usarla a ella de una manera y a Barac de otra. Dios no usa a la mujer sólo cuando no puede encontrar a un hombre, sino también cuando puede encontrar a un hombre. ¡Nadie más que la "Abeja" de Dios pudo alentar a Barac, quien había lanzado su "Relámpago", hacia la renovación y la acción! Nos necesitamos el uno al otro. Débora y Barac llegaron a ser una combinación poderosa, una vez que fueron usados por Dios, con las capacidades que él les dio.

Hoy la oposición es tan feroz como en aquellos días. Barac vio 900 carrozas de hierro alineadas contra él y supo que los cananeos habían despojado a los israelitas de todas sus armas, pero Débora le recordó que Dios estaba de su lado (Jueces 4:14). Tanto Elías como Eliseo habían visto los caballos y las carrozas de fuego alrededor de los guerreros de Dios (2 Reyes 2:11; 6:16, 17). Barac pudo vivir la verdad de las palabras de Eliseo: "Porque más son los que están con nosotros que los que están con ellos" (2 Reyes 6:16). ¡Así debemos sentir nosotras!

Nuestro mundo está esperando que el pueblo de Dios deje de ser un desertor y vuelva al campo de batalla. Nosotras podemos ser las "Abejas" de Dios para ayudar al "Relámpago" a entrar en la lucha. Necesitamos estar conscientes de nuestro mundo, tener nuestra corte bajo nuestras propias palmeras, y ser mujeres sabias, respetando el poder de los enemigos, pero contando con el Capitán del Señor de las Huestes para que luche con nosotras, por nosotras, y a través de nosotras. Debemos tener compasión y ser una verdadera madre en Israel, como lo fue Débora, cuidando a las personas como si fueran nuestra propia familia. Entonces veremos a Jabín y a Sísara derrotados, ¡y nosotras habremos hecho nuestra parte para cambiar nuestro mundo!

• PARA CONVERSAR •

Tiempo sugerido

1. REPASA. *10 minutos*

   Repasa qué hicieron los siguientes grupos en la vida colectiva de Israel:

   - ❑ Sacerdotes
   - ❑ Profetas
   - ❑ Ancianos
   - ❑ Jueces

2. LEE. *10 minutos*

   Lee la canción de Débora en Jueces 5.

   - ❑ ¿Quiénes se quedaron en su casa?
   - ❑ ¿Por qué se quedaron?
   - ❑ ¿Qué pensó Débora de ellos?
   - ❑ ¿Cómo podemos utilizar esto hoy?

3. EXPLICA. *10 minutos*

   Explica qué te enseña esta historia acerca de:

   - ❑ Dios
   - ❑ Cristo
   - ❑ Barac
   - ❑ Débora
   - ❑ Jabín
   - ❑ Sísara
   - ❑ Jael
   - ❑ Tú misma

• PARA ORAR •

Tiempo sugerido

1. (En grupo) Alaben a Dios por: *5 minutos*
   - ❑ Ser el Dios de batallas
   - ❑ Preocuparse por luchar por nuestras almas
   - ❑ Mandarnos un Capitán
   - ❑ Fortalecer nuestras manos en la guerra

2. (En lo individual) Ora por la iglesia en desorden y por los soldados desertores, o que son medrosos como Barac. *5 minutos*

3. (En grupo) Oren para que más "Déboras" sean levantadas en poder en favor de: *5 minutos*
   - ❑ La iglesia
   - ❑ Las misiones
   - ❑ La comunidad
   - ❑ La política
   - ❑ Las familias

4. (En parejas) Oren por cooperación, y no competencia, entre hombres y mujeres, como fue demostrado por Débora y Barac. Oren por su participación en la guerra de Dios y para que la guerra sea ganada. *5 minutos*

• PARA PROFUNDIZAR •

Ana

Ana y Débora se parecen en muchas maneras. La reputación de Ana, tanto como profetisa como sierva dedicada a Dios, revela su gran *sabiduría*. Ella también era una *guerrera*. Una mujer que peleó su batalla con oración y ayuno.

1. Lucas introduce a Ana en Lucas 2:36-38. Lee este relato y luego léelo de nuevo dentro del contexto. ¿Por qué te parece que Lucas incluyó esta historia de Ana en su narración del nacimiento de Jesús? ¿Cuál es su relación con Lucas 2:21-35 y Lucas 2:39, 40?

2. Los nombres en la Biblia muchas veces tienen significado especial. Busca los nombres de Ana y Fanuel en un diccionario bíblico. ¿Cómo añaden credibilidad estos nombres al registro de Lucas del nacimiento de Cristo?

3. La profecía es el don dado por Dios para predecir y proclamar la verdad. Para predecir, el profeta debe tener conocimiento de un evento antes de que ocurra. Proclamar la verdad es servir como el representante de Dios para proclamar la instrucción, corrección, o juicio de Dios a otros. ¿Cómo cumplió Ana ambas funciones?

4. ¿Cuánto tiempo había estado viuda Ana? ¿Cómo había usado este tiempo de viudez? ¿Qué ejemplo es ella para quienes algún día se encuentren en su posición como viudas o viudos?

5. ¿Cómo personifica la vida de Ana el consejo de Pablo a las viudas en 1 Timoteo 5:3-16?

6. ¿Cómo cumplió Ana su "don y llamado"?

7. El Señor usó a Ana para cumplir un ministerio único y privilegiado. ¿Cómo se preparó ella para ser su instrumento?

8. ¿Qué nos enseñan las Escrituras acerca del ayuno? (Consulta una concordancia.)

9. ¿Qué fruto del Espíritu habrá cultivado Ana para haber dedicado su vida al ayuno y la oración? (*cfr.* Gálatas 5:23; 1 Tesalonicenses 5:6, 8; 1 Timoteo 3:2; Tito 1:8; 2:2, 5, 6,12; 1 Pedro 1:13; 4:7; 5:8; 2 Pedro 1:6) ¿Qué cualidades cristianas merecen que inviertas tu vida en ellas?

10. ¿Cuáles dos verbos describen el servicio cristiano de Ana en el versículo 38?

11. A Ana se la conoce por haber sido la primera mujer que proclamó las buenas nuevas de Jesucristo, su encarnación y redención. Como Débora ella era...

    una profetisa
    una guerrera (en oración) del Señor
    una mujer sabia
    una mujer que tomó su lugar en el plan de Dios
    una mujer que se atrevió a hacer su parte para cambiar su mundo (como la primera misionera)

    Elige una de las designaciones que necesitas cultivar y ora diariamente para que el Espíritu Santo te conforme a la imagen de Cristo en el área en particular que te sea concerniente.

Para estudio adicional

1. Pide a alguien conocido por ser "guerrero en oración" en tu iglesia que sea tu mentor por un año, enfocándose en el área de la oración.
2. Investiga cómo están siendo cuidadas las viudas de tu iglesia. Si a este ministerio le está faltando algo para llenar el modelo bíblico, trata de mejorarlo.
3. Examina *Los Profetas de Israel* del doctor Leon Wood o la obra en dos volúmenes de Abraham Heschel, *Los Profetas*, para un entendimiento más profundo de la definición de profecía y el papel que desempeñaba el profeta.

• CAJA DE HERRAMIENTAS •

(Una sugerencia de recursos opcionales)

EL GENERAL ERA UNA DAMA

El General Era una Dama, por Margaret Troutt, es la biografía de Evangeline Booth. Eva era la hija de William y Catherine Booth, fundadores del Ejército de Salvación. Su hija espiritual sirvió como directora del Ejército de Salvación tanto en Canadá como en los Estados Unidos, y con el tiempo llegó a ser la General del Ejército de Salvación, la posición más alta de esta organización mundial dedicada al evangelismo y al ministerio social. Sirvió al Señor con pasión y determinación, enfrentando cada obstáculo con una orientación hacia la solución, muchas veces usando métodos poco convencionales. Eva era un soldado de Cristo y cambió su mundo al atacar agresivamente la oposición de parte de Satanás. Al igual que Débora, ella iba al frente de la defensa en el ejército de Dios.

Eva vivió entre los pobres y se la conocía como "el ángel blanco de los barrios pobres". Acérrima adversaria de las bebidas alcohólicas, ayudó a cerrar bares y tabernas. Amaba a la gente pobre y trabajadora y ayudó a establecer los centros *Goodwill* (de Buena Voluntad) para satisfacer sus necesidades.

Su amor por los niños y los huérfanos nunca será olvidado. Siendo soltera, adoptó cuatro niños. En 1938 comenzó los *Torchbearers* (Portadores de la antorcha), un movimiento juvenil internacional.

El amor de su vida fue predicar el evangelio y lo hizo con vigor hasta después de sus ochenta años. Dejó maravillados a miles con su habilidad como oradora, y proclamó la Palabra de Dios a muchas audiencias famosas. Evangeline Booth fue una de las mujeres más destacadas del siglo pasado, y dedicó su vida a los intereses de Cristo y a sus batallas.

6

Cambiaron su mundo por medio del amor (Rut y María de Betania)

• PARA PENSAR •

Eva cambió su mundo al pecar, Sara lo cambió con su espíritu manso y callado, María, la hermana de Moisés, con sus dones, y Rajab con su fe en Jehová. Débora cambió su mundo luchando las batallas del Señor, y Rut cambió el suyo con amor.

El mundo de Rut era un mundo triste, un mundo de despedidas. Ella dijo adiós a su propio pueblo para viajar con su suegra hacia Belén, el pueblo natal de ésta, a su esposo en su lecho de muerte, y a su cuñada, quien cambió su decisión de acompañarlas a Israel. El mundo en que vivía era un mundo de perversión sexual y oscuridad espiritual. Ella era una moabita que vivía entre gente que sacrificaba a sus hijos a los dioses en el fuego, y tomaban parte en orgías sexuales en sus festivales religiosos. ¡El mundo de Rut de veras necesitaba cambiar, y la única cosa que podía cambiarlo era el amor!

El amor es tan poderoso como la muerte. Mueve imperios, gana guerras, destrona a déspotas, y reduce a hombres violentos a las lágrimas. Si el amor humano hace todas estas cosas, ¿cuánto más cambiará nuestro mundo por el amor de Dios? El amor de Dios siempre se preocupa del bienestar del "otro", sin importar el costo, ¡y la historia de Rut nos demuestra este tipo de amor en acción!

El nombre de Rut significa "amistad". Proverbios dice: "En todo tiempo ama el amigo", y Rut de veras vivió y amó como su nombre lo dice. En el último capítulo del libro, las mujeres de Belén están hablando de Rut. Le están diciendo a Noemí cuánto la ama Rut. "Porque", ellas dicen, "tu nuera, que te ama, te es mejor que siete hijos". Siete era el número asociado con la perfección, ¡así que en esencia las mujeres estaban diciendo que el amor de Rut valía lo mismo que el amor de siete hijos perfectos! Considerando el lugar reverenciado de los hijos en la sociedad de esos días, ¡esto era una alabanza enorme!

Pablo nos da una descripción del amor de Dios en 1 Corintios 13:4-7, terminando con las palabras "¡El amor nunca deja de ser!" (1 Corintios 13:8). En el libro de Rut podemos ver cómo cada aspecto de este amor de mayor calidad puede ser observado en sus acciones.

"El amor tiene paciencia y es bondadoso", dice Pablo. Una definición de paciencia es "amor esperando el fin del sufrimiento". Rut estaba casada con Majlón, Orfa con Quelión, ambos hijos de Noemí. Los nombres de los hijos significan "enfermizo" y "exterminio" y nos dan una indicación de su constitución delicada. Diez años después de la muerte de su padre Elimelec en la tierra de Moab, ambos hijos murieron también, por lo tanto Rut debe de haber tenido muchas oportunidades para practicar la paciencia con amor. No es siempre fácil vivir con la gente que sufre enfermedades crónicas, y no todos mueren en paz.

Bondad es la parte activa de la paciencia. Paciencia es *ser* bueno, mientras que bondad es *hacer* el bien, y Rut demostró mucho amor en sus muchos actos prácticos de bondad. Tres veces en la narración Rut es alabada por su bondad. Todos están hablando de su bondad; después de todo había tan poco de esta cualidad en su mundo lleno de frialdad. En Rut 1:8 Noemí dice: "Que Jehovah haga misericordia con vosotras, como la habéis hecho vosotras con los difuntos y conmigo." Boaz la alabó no sólo por su bondad hacia Noemí, ¡pero también hacia él! (2:11; 3:10).

El amor, dice Pablo, no tiene envidia y no es orgulloso. Rut volvió con Noemí para vivir entre los israelitas. Ambas mujeres eran pobres, aunque las dos habían pasado tiempos mejores. Rut tuvo que mostrar su carácter humilde para tomar el lugar de sirvienta y emplearse recogiendo espigas para poder poner pan en la mesa. Noemí tenía un pariente cercano, Boaz, cuya responsabilidad era casarse con Noemí*. Rut podía

---

** Nota del editor: Algunos comentaristas bíblicos consideran que la obligación de Boaz no era específicamente casarse con Noemí sino, más bien, rescatarla de su situación de pobreza y miseria.*

haber envidiado a su suegra, codiciando para sí misma a este hombre mayor, guapo y de "buena posición". Pero el amor no tiene envidia y no es orgulloso. ¡El mundo no se cambia de esa manera!

Pablo nos dice que el amor no busca lo suyo propio, y tampoco se irrita. Rut probablemente notó cuánta gente *podría* haberlas ayudado cuando llegaron por primera vez a Belén. Aparentemente Boaz no era el único pariente cercano, y ella se podría haber irritado con Noemí por no hacer su parte para ayudarla en los campos. No sólo se podría haber enojado con Boaz y con Noemí, ¡pero también podría haber perdido la paciencia con Dios! Perder la paciencia, de cualquier modo, no resuelve nada; todo lo contrario, ¡y el amor lo sabe! ¿No dicen las Escrituras: "La ira del hombre no lleva a cabo la justicia de Dios"?

Pablo dice que el amor no lleva cuentas del mal. Que se olvida, rápidamente, rehusando chismear sobre las ofensas de otros, regocijándose en la verdad. Rut tuvo muchas oportunidades para chismear sobre sus nuevos vecinos, pero ella se mantuvo callada cuando Boaz se lo pidió (3:14). Por supuesto, su secreto era su nuevo amor por Jehovah, bajo cuyas alas ella había venido a tomar refugio (2:12). El amor *siempre* confía, dice Pablo. Corrie ten Boom decía: "¡No luches, acurrúcate!" Rut se accurrucó bajo las alas de Dios y encontró en su amor su seguridad y recompensa, a pesar de su situación precaria.

"¡El amor", dice el Apóstol, "nunca se da por vencido!" El amor nunca deja de amar, y tampoco lo hizo Rut. Ella se casó con Boaz porque Noemí, cambiada por la amistad y el amor de su nuera, cedió su derecho a Boaz a favor de Rut. Tuvieron un niño a quien llamaron Obed, y Noemí lo tomó en sus brazos y lo cuidó.

¡El amor verdadero no deja de amar cuando llegan los tiempos difíciles; tampoco deja de amar cuando sale el sol! ¡El amor se compromete a amar sea lo que fuere, en cualquier tiempo, sin siquiera esperar amor en retorno! "Dondequiera que tú vayas, yo iré", canta el amor. "Dondequiera que tú vivas, yo viviré. Donde tú mueras, yo moriré" (1:16, 17). Cuando nosotras, al igual que Rut, estemos firmemente determinadas a amar a la gente con el amor de Dios, ¡cambiaremos nuestro mundo!

• PARA CONVERSAR •

Tiempo sugerido

1. LEE RUT 1. *10 minutos*
   - ❑ ¿Por qué piensas que Noemí sentía que Dios la estaba castigando?
   - ❑ ¿Se siente así la gente de hoy cuando está en situaciones difíciles?

2. LEE RUT 2. *5 minutos*
   Dios está en este capítulo. ¿Puedes ver su sombra? ¿Dónde?

3. LEE RUT 3.. *5 minutos*
   Encontrando razones en el texto, ¿qué te parece que los siguientes personajes estaban pensando?
   - ❑ Boaz
   - ❑ Rut
   - ❑ Las criadas
   - ❑ Los segadores

4. LEE RUT 4. *10 minutos*
   ¿Cómo proveyó Dios para:
   - ❑ Noemí?
   - ❑ Rut?
   - ❑ Boaz?
   - ❑ Obed?

   ¿Cómo está proveyendo Dios para ti?

• PARA ORAR •

	Tiempo sugerido
1. (En grupo) Lean 1 Corintios 13:4-7. Alaben a Dios por este retrato del amor.	*4 minutos*
2. (En lo individual) Manifiesta en oración tu arrepentimiento sobre algún aspecto de estos versículos (p. ej., "Perdóname, Señor, porque he tenido rencor con mi hermana"__________).	*4 minutos*
3. (En lo individual) Eleva una oración de petición para que un aspecto necesario del amor se demuestre en tu vida (p. ej., "Señor, ayúdame a ser paciente con ____________").	*7 minutos*
4. (En grupo) Oren por las Noemí, las Rut y las Orfa que conozcan.	*5 minutos*

• PARA PROFUNDIZAR •

María de Betania

Rut y María eran mujeres ordinarias y al mismo tiempo excepcionales, que conocían el significado del amor sacrificado. Cada una a su manera estaba lista para pagar el precio de la humillación por amor. ¿Estamos listas nosotras?

1. Lee Juan 12:1-8. ¿Qué sucedió en Juan 11 que pudiera explicar por qué "hicieron una cena" en honor de Jesús? (12:2)

2. ¿En qué manera demostraron Marta y María su gratitud a Jesús? (12:2, 3)

3. Ponte en el lugar de María. ¿Qué sentimientos experimentarías al ungir los pies de Jesús?

4. Este acto de devoción de María fue inspirado por el acto de compasión de Jesús (*cfr.* 11:33, 35, 38 ss.). Ambas fueron demostraciones prácticas de amor. ¿Cuáles principios bíblicos cumplieron? (*cfr.* Santiago 1:22; Juan 13:34, 35; 1 Juan 3:18; 4:7)

5. El regalo de María fue caro. ¿En qué costos incurrió? ¿En qué manera se parece a Rut?

6. Judas acusó a María de mala administración. Asumiendo que Juan 12:1-8 y Marcos 14:1-10 describen el mismo incidente, ¿qué observaciones hace Jesús en defensa de María? (Marcos 14:6, 8).

7. Jesús, sabiendo los motivos verdaderos de Judas (Juan 12:6), le recordó que él tendría muchas oportunidades para cuidar de los pobres si estaba verdaderamente preocupado por el bienestar de ellos. Considera a María y a Judas, es decir, sus motivos y principios.

8. ¿Qué contraste se hace entre Jesús y Lázaro en Juan 11:38-44 y Juan 12:1-8?

9. ¿Por qué los cristianos se refieren a esta historia como el ungimiento de Jesús? ¿Qué era lo significativo para Jesús en este acontecimiento? (Marcos 14:8; Juan 11:7).

10. En Marcos 14:9 Jesús menciona a María. Haz una lista de lo que recuerdas sobre ella. ¿Por qué asocia Jesús a María con la proclamación del evangelio?

11. Repasa los relatos de las Escrituras sobre la vida de María: Marcos 14:1-10; Lucas 10:38-41; Juan 11; 12:1-8. Nota que María es una figura silenciosa. Habla solamente una vez repitiendo las palabras de angustia de Marta. Se la recuerda por lo que hizo, no por lo que dijo. Aplica esta lección que nos enseña la vida de María al reflexionar en una de las siguientes preguntas.

    ¿Qué consume tus pensamientos en general? ¿El dinero? ¿La codicia? ¿La devoción? ¿El servicio?

    María le dio a Cristo lo que pudo. ¿Lo has hecho tú?

    ¿Qué cosas preciosas has hecho para el Señor?

    ¿Le has entregado a Jesús algo de igual valor a tus ingresos de un año?

María abandonó su reputación para amar, servir, y alabar a su Señor. ¿Te estás refrenando de hacer lo mismo? ¿Tomas riesgos personales para demostrar en forma práctica tu amor por otros?

Para estudio adicional

1. ¿Dónde ocurre la entrada triunfal de Jesús en relación con su ungimiento en Marcos y en Juan? ¿Por qué la diferencia?

2. ¿Con qué frecuencia se da el mandamiento de amarse unos a otros en los escritos de Juan? ¿Por qué él pone tanto énfasis en el amor?

• CAJA DE HERRAMIENTAS •

(Una sugerencia de recursos opcionales)

AMY CARMICHAEL

Amy Carmichael sirvió al Señor como una misionera soltera en el sur de India a principios del siglo. Aunque nunca se casó se la conocía como *Amma*, o madre de cientos de niños indios. Amy comenzó su trabajo misionero como una evangelista itinerante talentosa, pero pronto Dios llenó su corazón de compasión por los bebés criados en templos hindúes. Su amor por Cristo y los perdidos fue prácticamente demostrado cuando literalmente edificó un orfanato para los pequeños que Dios le trajo. A través de los años el trabajo creció de cuidado práctico y espiritual a un pequeño grupo de niños, a una Asociación alojando a casi mil. Arriesgó su vida y reputación más de una vez por la salvación y protección de otros. Amy seguramente luchó por cambiar su mundo. Escritora talentosa, fue autora de muchos libros llenos de historias del trabajo y las maravillas de Dios en India. Uno de sus biógrafos concluye:

Pregunte a sus "hijos", pregunte a los miembros de la Asociación, qué les impresionó más sobre *Amma*, y la respuesta nunca varía: "Su amor". "Estaba pensando esta mañana", le escribió a un miembro de la Asociación en 1939, "sobre qué diría si tuviera que poner, en dos oraciones, lo que quiero que ustedes, las personas de edad avanzada, hagan por los otros: 'Amenlos tiernamente. Llévenlos ante el Altísimo', creo que diría." Y es lo que ella hizo. Amó con ternura infinita, pero no era un amor que debilitaba. No; mantuvo a su familia en lo más alto. Yo creo verdaderamente que en ninguno de sus discípulos de este siglo, la oración de nuestro Señor, "para que el amor con que me has amado esté en ellos", fue más completamente contestada que en Amy Carmichael. (Datos tomados del libro *Amy Carmichael of Donhavur* [Amy Carmichael de Dohnavur] por Frank Houghton, Christian Literature Crusade, Pennsylvania, 1973.

7

Cambiaron su mundo por medio de su fidelidad (Abigaíl y la samaritana)

• PARA PENSAR •

Abigaíl vivió en un mundo lleno de ira. Estaba casada con un hombre difícil, un hombre borracho y malvado. Debe de haber aprendido a arreglárselas con él cada día. La manera en que ella lo trató cambió su mundo. No todas estamos casadas con hombres difíciles, pero muchas sentimos o nos enfrentamos con el enojo frecuentemente.

Los antecedentes de la historia de Abigaíl son peligrosos e interesantes. Saúl emplea a David, pero se pone terriblemente celoso de él, y trata de asesinarlo. David huye por su vida y junta una banda entera de hombres angustiados, descontentos, y endeudados. Los transforma en un grupo formidable para la lucha. Entonces se esconde en cuevas y bosques, y se transforma en una especie de Robin Hood antiguo para la gente de los pueblos aislados. Saúl sigue persiguiéndolo, y David, no queriendo vengarse, se encuentra atrapado. Dios lo protege y él le perdona la vida a Saúl dos veces cuando tiene oportunidad de matarlo. Samuel muere e Israel llora la muerte de su profeta sacerdote, lo cual da un poco de tregua a David, pero una vez que el período de luto de la nación se termina David es perseguido implacablemente una vez más.

Al esconderse en el campo escabroso David y sus hombres se encuentran cerca de un grupo de pastores de ovejas de un hombre rico. Tratan a los pastores con bondad, protegiéndolos, y tienen cuidado de no robar sus animales. Cuando llega el tiempo de esquilar a las ovejas David manda a sus sirvientes a Nabal (el hombre rico) para pedir remuneración en la forma de comida y provisiones. Nabal maldice e insulta a los hombres y los manda con las manos vacías. ¡David se enoja! Decide vengarse, y sus 400 hombres salen jurando exterminar a la familia de Nabal. Entra Abigaíl.

¡Abigaíl está casada con Nabal! ¡Qué cosa tan interesante! ¿Cómo ocurrió eso? ¿Cómo llegaron a casarse estas dos personas tan opuestas? ¡Bueno, probablemente fue un casamiento arreglado! ¡El misterio más grande aun para mí es cómo hoy día se casan Nabales y Abigaíles, cuando se puede elegir a gusto!

¡El nombre Nabal significa "insensato"! No me puedo imaginar qué tipo de madre elegiría tal nombre para su bebé pero, según las referencias de Abigaíl, para cuando Nabal era adulto, ¡su naturaleza hacía honor a su nombre! (1 Samuel 25:25). El historiador nos dice que era rico, inmoderado, hosco, grosero, patán, malo y tacaño. Además, tomaba mucho. Aun sus propios sirvientes decían: "Nadie le puede hablar", ¡así que creo que podemos ver que Abigaíl tenía sus manos llenas!

Por contraste, a Abigaíl se la describe como una mujer sabia, muy inteligente, afable, valiente, discreta, ¡una mujer con dominio propio! Si Abigaíl viviera en este tiempo, probablemente no tardaría mucho en sacarse el anillo de matrimonio. En su tiempo eran los Nabales los que tenían el poder para divorciar a las Abigaíles; no al revés. No le quedó otra alternativa mas que vivir de la mejor manera que pudiera en un matrimonio malo. Entonces, ¿cómo se las arregló?

Primero, profundizó su relación con Dios. Como dice en el versículo 26, creía que Jehovah vivía, que era el Juez de toda la humanidad, y que ella debía responder a él (v. 30). ¡Nosotras somos, después de todo, responsables sólo por nuestras propias acciones y no por las acciones de otras personas! Ella estaba comprometida con Nabal y estaba comprometida con Dios, y hasta que él interviniera o Nabal tomara acción, ¡ella seguiría adelante!

Segundo, era una mujer que mostraba preocupación y compasión. Quizá amaba a Nabal. De cualquier manera, se preocupó lo suficiente por él porque arriesgó su propia vida para tratar de salvar la de él.

Tercero, ¡era buena! ¡Decidió que no iba a ser infiel! A veces si las mujeres deciden quedarse en una relación difícil, piensan que tienen el derecho a ser infieles. Algunas dicen que es la única manera en que pueden tener fuerza para quedarse.

Abigaíl tuvo una buena oportunidad para ser infiel a Nabal. Ella era, estoy segura, mujer suficiente para ver el brillo en los ojos de David cuando lo conoció, pero David la respetó. ¡Hubiera sido muy fácil para Abigaíl entregarse a David junto con las tortas de pasas que le había traído de regalo! La mayoría de nosotras sabemos cómo decir: "estoy disponible y accesible", pero no lo decimos ni con palabras ni con lenguaje corporal si tenemos corazones limpios delante del Señor.

Por último, Abigaíl tenía control. Ella no se permitió desquitarse y decir: "Tengo razón de estar enojada. Merezco ser tratada mejor. ¡Dale su merecido, David! Aquí tienes un mapa. Nuestra casa es la primera a la derecha al entrar al pueblo; ¡y dale una de parte mía!" La venganza no va a resolver un matrimonio malo. Sí, está bien enojarse, pero lo que hacemos con nuestro enojo hace la diferencia.

Abigaíl se mantuvo en control tanto con Nabal como lo había hecho con David. Al volver a su casa y encontrar a su esposo muy borracho, esperó hasta la mañana para decirle que ella había ido ante David para suplicar por su vida. Estas noticias espabilaron la borrachera de Nabal muy rápidamente. De hecho, el sufrió un ataque al corazón, ¡y el Señor tomó su vida diez días después! Ante esto, David mandó buscar a Abigaíl y ella fue *su* esposa. ¡Qué afortunado fue David! Abigaíl ya se había entendido perfectamente con é, y sin duda su vida enriqueció la del rey inmesurablemente en los siguientes años.

¿Entonces cómo vivimos con el enojo de otros? Hable suavemente, pues "la suave respuesta quita la ira". Hable dulcemente. Abigaíl buscó alguna manera en que ella pudiera estar de acuerdo con la razón del enojo de David, y la encontró. Hable palabras espirituales de aliento. "Eres especial para Dios", le dijo a David. "Eres precioso para él, no dejes que tu enojo eche a perder tu reputación con el Todopoderoso." David había perdonado la vida de Saúl, pero estaba por derramar sangre inocente (toda la familia de Nabal). ¡Abigaíl pudo recordarle de su relación con Dios, quien lo vindicaría!

Por cierto no estoy recomendando que las mujeres se queden en situaciones abusivas. Pero si una relación difícil no es peligrosa, un compromiso con nuestro Creador, con nuestro matrimonio, y con el hombre con el que nos hemos casado en la fortuna como en la adversidad, puede resultar en que Dios trabaje en y a través de nosotras para cambiar nuestro mundo. ¡Por favor, Dios, que seamos Abigaíles!

• PARA CONVERSAR •

Tiempo sugerido

---

1. REPASEN. — *10 minutos*

   Cuenten la historia de Abigaíl, una oración cada una, hasta que la historia se complete.

---

2. DESCRIBAN. — *5 minutos*

   ¿Cómo ven ustedes a los siguientes personajes de la historia?:
   - ❑ Nabal
   - ❑ Abigaíl
   - ❑ David

---

3. DISCUTAN. — *5 minutos*

   Discutan las siguientes preguntas:
   - ❑ ¿Es la incompatibilidad una buena razón para el divorcio?
   - ❑ ¿Hizo Abigaíl algo bueno o malo al ir a escondidas de Nabal?
   - ❑ ¿Qué tipo de comportamiento abusivo demuestra Nabal?
   - ❑ ¿Qué les parece el final feliz de la historia?

---

4. COMPARTAN. — *10 minutos*

   Compartan en parejas una necesidad de sus vidas que tiene que ver con el enojo. ¿Qué cosa en esta lección les ayudará a enfrentar esas necesidades?

• PARA ORAR •

	Tiempo sugerido
1. (En grupo) Alaben a Dios por las personas que se encuentran en matrimonios difíciles, pero que están esforzándose con intención de hacer todo lo posible para salvarlos. Oren por ellas y sus compañeros problemáticos.	*4 minutos*
2. (En grupo) Alaben a Dios por sus propias familias. Oren por ellas.	*4 minutos*
3. (En parejas) Oren por las víctimas de situaciones abusivas, por las Abigaíles y sus hijos. Oren por finales felices para estos dilemas.	*7 minutos*
4. (En grupo) Oren por la gente que está tratando de enfrentar: ❑ Su propio enojo ❑ El enojo de otros	*5 minutos*

• PARA PROFUNDIZAR •

La mujer de Samaria
Abigaíl y la mujer de Samaria no parecen, en absoluto, candidatas para ser equiparadas. Trata de encontrar a lo menos una similitud en sus acciones y/o actitudes.

1. Lee Juan 4:1-42. Anota tus primeras impresiones en cuanto a Jesús y la mujer.

2. Estos pasajes proveen los antecedentes para el odio racista entre los judíos y los samaritanos. ¿Qué indicadores para este prejuicio puedes observar en ellos?

   2 Reyes 17:21-41

   Esdras 4

   Nehemías 4

   Consulta un diccionario bíblico para un entendimiento más profundo de la tensión racial y toma notas para compartir con tu grupo. ¿Qué ejemplos existen hoy que sean similares?

3. Describe la actitud de Jesús hacia los samaritanos (*cfr.* Lucas 9:51-56; Lucas 10:30-37; Lucas 17:11-19). ¿Qué agregan estas referencias a tu impresión de Jesús?

4. En Juan 4:27 los discípulos se sorprenden de que Jesús está hablando con una mujer en público. La ley rabínica enseñaba que un hombre no debería dirigirse ni aun a su propia esposa en público. Más severamente, condenaba la enseñanza en público de las palabras de la Ley a las mujeres. ¿Qué significa la conversación de Jesús con la mujer sobre su perspectiva de las mujeres?

5. ¿Qué cambio está Jesús alentándola a hacer en Juan 4:10-14?

6. ¿Qué implica el conocimiento del Señor sobre su pasado y su condición presente? (Juan 4:16-19). ¿De qué manera llama él la atención a su pecado?

7. ¿Qué privilegio le da Jesús a esta mujer? (4:25, 26)

8. ¿Qué evidencia da ella de una vida cambiada? (4:27 ss.)

9. Jesús cambió la vida de esta mujer. ¿Qué hizo ella a cambio? (4:39-42)

10. Haz un paralelo entre Abigaíl y la mujer en el pozo.

11. ¿Qué vida has cambiado tú desde que Cristo cambió la tuya? ¿Has compartido tu testimonio con tu comunidad?

Para estudio adicional
Lee el tratamiento de William Barclay sobre la opinión de la mujer en los tiempos del Nuevo Testamento en *El Nuevo Testamento Comentado (Juan 1-Volumen 5)* por William Barclay (Ediciones La Aurora).

• CAJA DE HERRAMIENTAS •

(Una sugerencia de recursos opcionales)

CORRIE TEN BOOM

Corrie ten Boom vivió una vida muy callada con su familia en Haarlem, Holanda, hasta su media vida. Fue entonces que Dios comenzó a revelar el trabajo que había preparado para que ella hiciera. Durante la Segunda Guerra Mundial Corrie y su familia comenzaron a ayudar a la resistencia holandesa al esconder y pasar de contrabando a judíos fuera de la Holanda ocupada. Eran motivados por el amor de Dios, y por el amor de Dios por la santidad de la vida humana. Traicionadas y descubiertas, las hermanas ten Boom fueron separadas de su padre y llevadas a los campos de muerte de los nazis. Corrie perdió a su padre y a su hermana en los campos brutales. Fue en un campo de concentración infestado con piojos que la fe de Corrie fue puesta a prueba y se la encontró verdadera. Allí ella descubrió que Dios es suficiente y puede satisfacer todas nuestras necesidades.

Después de la guerra Corrie recorrió el mundo literalmente por fe y oración. Predicó el mensaje transformador de Jesucristo y su amor y perdón. También escribió muchos libros sobre lo mismo. Como la mujer en el pozo, ella no dejó que su orgullo o prejuicio escondiera su testimonio del amor de Cristo y su ofrecimiento de vida eterna. *El Refugio Secreto, Misión Ineludible, Amor, Asombroso Amor* y *Fe en la Oscuridad*, cuentan la historia de su vida.

8

Cambiaron su mundo por medio del perdón (La sierva de Naamán y Dorcas)

• PARA PENSAR •

Naamán era un hombre muy importante delante de su señor, pero era leproso. La lepra era una enfermedad terrible, incurable, debilitante, disminuidora de la vitalidad y casi fatal, que afectaba a muchas personas en los tiempos bíblicos. A esta gente no siempre se la excluía de la sociedad, pero como su enfermedad era contagiosa, si aparecían úlceras en carne viva en partes expuestas del cuerpo, a las personas afectadas se las separaba de la comunidad. Naamán era el jefe del ejército del rey de Siria, y aparentemente esta enfermedad no había avanzado hasta el punto de que fuera desterrado.

Naamán, cuyo nombre significa "deleite", fue un "gran deleite para su señor", no sólo porque había dirigido una rebelión triunfante y ganado la independencia para su país del gobierno del rey de Asiria, sino también porque era un hombre honorable. El era un buen soldado, apreciado por los hombres bajo su mando. Parece que Dios mismo le había dado su más grande victoria. Pero a pesar de que Naamán era un hombre muy importante delante de su señor e ilustre ante los ojos de sus soldados, no obstante era un leproso. Aunque estoy segura de que él conducía sus batallas personales tan bien como las públicas, el ser valiente no le quitó la lepra.

La lepra es un buen retrato del pecado y sus efectos. El alma del hombre es debilitada y destruida por el pecado. No importa cuánto respeto tenemos a los ojos de la gente, o cuán bien vivimos nuestras vidas y conducimos nuestros asuntos; no importa si somos maravillosamente valientes ante las dificultades de la vida, los efectos debilitantes de esta enfermedad progresiva del alma al fin y al cabo terminarán en la muerte espiritual. A pesar de todo, hay una cura.

Considera la historia de Naamán. Durante una incursión en el territorio de Israel, los sirios capturaron a una sierva jovencita. No sabemos su nombre o su edad; en realidad sabemos muy poco acerca de ella, salvo que servía a la esposa de Naamán y obviamente tenía fe en el Dios de Israel. Aun más, ella compartió su fe con su ama y su amo. Al hacer esto, logró cambiar su mundo.

Sin embargo, una cosa que sí sabemos acerca de ella es que había logrado superar el trauma que había sufrido cuando era adolescente. Imagínate a unos guerrilleros irrumpiendo en tu casa y secuestrándote. Imagínate ser esa niña, el terror y el miedo sofocándote mientras te llevan aprisa más y más lejos de la gente que ha sido parte de tu vida. Esta niña, cualquiera haya sido su edad, debe de haber sido una jovencita con mucho talento, porque fue a parar a lugares muy importantes, elegida sin duda por sus habilidades y apariencia. No sabemos cuánto tiempo había estado en la casa de Naamán, pero aparentemente había superado su experiencia terrible lo suficiente como para ejercer una influencia de amor entre extraños. Ella amaba a Naamán y a su familia.

El amor que es de Dios se preocupa primeramente del bienestar de los demás, sin considerar el costo; y la muchacha sierva de Naamán se propuso ser una bendición. Era una luz en un lugar oscuro, rechazando la corrupción a su alrededor, mostrando una clase de amor raramente encontrado en esos lugares y circunstancias. ¡Quería que su señor fuera sanado! ¡Si yo hubiera estado en su posición, probablemente hubiera guardado mi información valiosa para mí misma! ¡Ella demostró tanta generosidad de espíritu en su habilidad de perdonar el mal que le habían hecho, que sus palabras fueron oídas por el rey! ¡Alguien le contó al rey lo que ella, una muchacha esclava humilde, había dicho! ¡Aquí vemos a una esclava cautiva tratando de ayudar a sus captores, tratando de salvar sus vidas! Ese tipo de actitud seguramente llamará la atención de un mundo no creyente. En vez de estar contenta de que su señor tenía lepra, o pensar: "se lo merece... espero que muera lenta y dolorosamente", ella puso su boca a trabajar y testificó en alta voz del poder de su Dios para salvarlo. Imagina, sin embargo, qué hubiera pasado si su vida no hubiera estado a tono con su mensaje. ¿Te parece que su señora o que el rey la hubieran escuchado? Como Ester en el palacio de Asuero, la sierva de Naamán resplandeció brillantemente, ¡tan brillantemente que su mensaje fue tomado en serio!

¿Entonces qué fue lo que dijo que tuvo un impacto tan profundo en sus oyentes? ¡Ella les contó acerca del Israel de Dios y del Dios de Israel! "Hay un profeta del Señor en Israel", declaró con confianza, "quien sanará a mi señor de su lepra". Esta adolescente en particular habló con confianza total sobre Eliseo y su Dios. Ella creía que el pueblo de Dios era exactamente eso: el pueblo de Dios, llamado por Dios para ser de bendición para el mundo entero, ¡incluyendo a Naamán! Confiaba en que Eliseo sabría qué hacer porque él estaba en contacto con el Dios que es real. ¿Dónde encontró esta fe tan pura? ¿Tal audacia celestial a una edad tan temprana? Una sólo puede suponer que la muchacha sierva de Naamán había crecido en un hogar creyente y respondido a la influencia de sus padres, quienes estoy segura habían tomado Deuteronomio 6:6, 7 muy en serio.

"Estas palabras que yo te mando estarán en tu corazón. Las repetirás a tus hijos y hablarás de ellas sentado en casa o andando por el camino, cuando te acuestes y cuando te levantes."

Esta crianza piadosa había dado como resultado una gran fe en un Dios que era lo suficientemente poderoso para hacer cualquier cosa, aun sanar la lepra de Naamán.

En nuestros días con la familia desintegrándose, nunca sabemos cuánto tiempo tenemos para inculcar las verdades de Dios en las vidas de nuestros hijos, pero no debemos ser complacientes pensando que tenemos todo el tiempo del mundo. En la época actual los abuelos cristianos son personas muy vitales. Ellos también pueden desempeñar papeles increíblemente importantes en el proceso educativo. El dios Rimón reinaba en el mundo de Naamán. El era el dios del "trueno". Una deidad enojada, aterradora, que no tenía ninguna habilidad para perdonar, para amar o para inspirar. La muchacha sierva de Naamán vio esta religión y la rechazó como inútil en su difícil situación. Sólo el Dios de Israel podía salvar, sanar, cambiar y perdonar. Su creencia fue reforzada por todo lo que ella había escuchado del poder de Jehová ya demostrado a través de la vida de Eliseo y de su ministerio.

¿No había sido Eliseo un hombre importante delante de su Señor también? Elías era legendario y ahora su manto había caído sobre su sucesor elegido Eliseo. Por medio de él las aguas del Jordán se habían partido milagrosamente, el pequeño frasco de aceite de una viuda había llenado docenas de recipientes, un niño había sido resucitado, y 1.000 hombres habían sido alimentados con unos pocos panes. ¡Con razón la muchacha sierva de Naamán había encontrado el valor para testificar del poder de su Dios! Una y otra vez Dios alentó a su pueblo a pensar, recordar, y ensayar a los oídos de las futuras generaciones todas sus obras poderosas. ¿Por qué? Para recordarles que él era absolutamente capaz de hacer todas las cosas para aquellos que confiaban en él. Era el plan de Dios que Israel pronto condujera al mundo entero hacia su gracia salvadora, sanadora y ayudadora.

Es así que el rey mandó a Naamán con una carta en sus manos para el rey de Israel. Naamán llevó ropas, oro, y plata y salió para su viaje. Cuando llegó, el rey de Israel se perturbó pensando que esto era una trampa y que si este hombre no era sanado, el rey de Siria tendría una excusa para declarar la guerra. Al oír lo que estaba ocurriendo, Eliseo mandó un mensaje al rey diciéndole que mandara a Naamán con él.

Al llegar a la casa del profeta, Naamán fue saludado por un siervo de Eliseo quien le dijo que se lavara siete veces en el río Jordán y sería sanado. Naamán estaba furioso. ¿Por qué Eliseo no le había demostrado la cortesía de salir a recibirlo él mismo? El creía que los ríos de Siria eran superiores a las aguas turbias del Jordán. Enfurecido emprendió el regreso a su casa, pero sus sirvientes lo convencieron de que escuchara al profeta. ¡Dice mucho de este hombre que se tragó su orgullo, escuchó a sus sirvientes, e hizo lo que Eliseo le dijo que hiciera! Cuando lo hizo, ¡fue sanado! Volvió a Eliseo de prisa para "pagar" la cuenta de su doctor, pero Eliseo habló con él rechazando sus regalos y dinero, no queriendo que nada distrajera de la conversión de Naamán y de la parte que Dios tuvo en ella. Sin embargo Guejazi, el sirviente de Eliseo, siguió a Naamán en secreto y con mentiras y un corazón lleno de codicia tomó el pago de él. Eliseo, discerniendo lo que había pasado, con mucha tristeza le dijo a Guejazi que la lepra de Naamán ahora se le pegaría a él. Y así fue. En efecto, ¡abundan los cristianos leprosos! La lepra de la codicia contamina el alma, y un día "eruptará" en úlceras para ser vistas por todos si no somos limpiados a diario por el Cristo del Calvario.

¿Puedes imaginar la alegría de la muchacha sierva de Naamán cuando su señor volvió sanado por Jehovah? Ahora ella tenía un aliado en ese lugar. Ahora Naamán entendía su corazón, el brillo de sus ojos y su espíritu de amor y perdón. Si nosotras, como la muchacha sirvienta de Naamán, perdonamos como fuimos perdonadas, ¡quién sabe si un Naamán será el resultado! ¡Entonces verdaderamente habremos cambiado nuestro mundo!

• PARA CONVERSAR •

Tiempo sugerido

1. LEAN Y DISCUTAN. — *15 minutos*
   Lean el pasaje de las Escrituras que relata esta historia (2 Reyes 5). Discutan:
   - ❑ La comparación de la lepra con el pecado
   - ❑ La muchacha sierva de Naamán
   - ❑ El comportamiento de Eliseo
   - ❑ Las acciones de Guejazi

2. COMPARTAN. — *15 minutos*
   ¿Pueden compartir una parte de esta historia que haya tenido significado especial para ustedes? ¿Cómo podemos usar esta historia para alentar a otros?

• PARA ORAR •

Tiempo sugerido

1. (En lo individual) Toma un tiempo para alabar a Dios por circunstancias salvadoras que él ha preparado para ti cuando han venido problemas. Alaba a Dios por los Eliseos en tu vida, quienes te ayudaron a encontrar limpieza para tu pecado. — *8 minutos*

2. (En grupo) Oren por las personas que: — *7 minutos*
   - ❑ Tienen un pasado problemático
   - ❑ Necesitan perdonar
   - ❑ Necesitan ser perdonadas

3. (En grupo) Oren por creyentes humildes (como la muchacha sierva de Naamán) que brillen como una luz en un lugar oscuro en: *5 minutos*
   - ❑ El mundo comunista
   - ❑ El mundo musulmán

• PARA PROFUNDIZAR •

Dorcas

La muchacha sierva de Naamán y Dorcas conocían el significado y la belleza del servicio. Ellas eligieron hacer de sí mismas una bendición para otros. No discriminaron respecto de quienes recibirían sus bendiciones. ¿Qué lecciones tienen para ti?

1. Lee Hechos 9:36-43. Identifica Jope en un mapa y busca información sobre esta ciudad del Nuevo Testamento en un buen diccionario bíblico.

2. Busca la definición de *discípulo* y anota los componentes mayores. ¿Cuántas veces es usada esta palabra para referirse a mujeres en el Nuevo Testamento?

3. ¿Por qué cosa se conocía a Dorcas y cuáles eran sus dones espirituales? ¿Cuál es la diferencia entre Dorcas y alguien a quien tú conoces que trabaja voluntariamente para causas de caridad y filantropía? (*cfr.* Efesios 2:10).

4. Tomado del texto, ¿quiénes pueden haber sido los beneficiarios principales del ministerio de Dorcas? (*cfr.* Santiago 1:27).

5. ¿Por qué los discípulos mandaron a buscar a Pedro (v. 38), y qué era lo que esperaban? (*cfr.* vv. 32-34).

6. ¿Qué indica la postura de Pedro para orar acerca de su actitud en cuanto a la oración? ¿Qué milagro trae a tu memoria sus palabras? (*cfr.* Marcos 5:41).

7. ¿Cuál fue el resultado de la restauración de la vida de Dorcas? ¿Cómo afectó este milagro a la iglesia?

8. ¿Cómo se relaciona esta historia con los temas principales en Hechos?

9. ¿De qué maneras mostró Dorcas un parecido a Jesucristo?

10. La prolongación de su vida, sin saberlo Dorcas, trajo avivamiento (v. 42). ¿Deseas prolongar tu vida?, ¿por qué, o para qué?

11. El nombre *Dorcas* significa "gacela" y su vida verdaderamente mostró la belleza y la gloria del Señor. ¿Lo hace la tuya?

12. ¿Qué tenían en común Dorcas y la muchacha sierva de Naamán? ¿Compartes tú estas características?

Para estudio adicional

1. ¿Quién ayudó a establecer la iglesia en Jope?

2. Haz un estudio de la palabra *discípulo*.

• CAJA DE HERRAMIENTAS •

(Una sugerencia de recursos opcionales)

MIS AÑOS CON CORRIE

Al igual que la muchacha sierva de Naamán y Dorcas, Ellen de Kroon Stamps cambió su mundo siendo una sierva. Por nueve años fue la secretaria y asistente personal de Corrie ten Boom, viviendo con y acompañando a Corrie a través de sus viajes alrededor del mundo. Su historia se encuentra en *Mis Años con Corrie* (Revell). Ellen cambió su mundo con un oído atento, consejos amables, evangelismo silencioso, y un corazón obediente. Muy seguido fue una "luz en un lugar oscuro". Muchas veces en la vida de Ellen, tanto Corrie como el Señor le pidieron que tratara de hacer lo imposible, cosas más allá de lo que ella pensaba que podía hacer. Ella siempre se puso a la altura de las circunstancias, y cada vez Dios la bendijo con fruto. Su testimonio transparente te acercará al Padre cuando leas acerca de las lecciones personales que Dios le enseñó sobre la verdad, la muerte, la soltería y mucho más.